把话说到
孩子心里去

中国爸妈不可不知的
育儿细节全公开

燕子 ◎著

ARTTIME
时代出版
时代出版传媒股份有限公司
北京时代华文书局

图书在版编目（CIP）数据

把话说到孩子心里去 / 燕子著. -- 北京：北京时
代华文书局，2016.7（2017.10重印）

ISBN 978-7-5699-1024-7

Ⅰ．①把… Ⅱ．①燕… Ⅲ．①家庭教育 Ⅳ．①G78

中国版本图书馆CIP数据核字(2016)第157188号

把话说到孩子心里去

著　　者｜燕　子

出 版 人｜杨红卫
选题策划｜花　火
责任编辑｜李凤琴
装帧设计｜润和佳艺
责任印制｜刘　银

出版发行｜时代出版传媒股份有限公司　　http://www.press-mart.com
　　　　　北 京 时 代 华 文 书 局　　http://www.bjsdsj.com.cn
　　　　　北京市东城区安定门外大街136号皇城国际大厦A座8楼
　　　　　邮编：100011　电话：010-64267955　64267677

印　　刷｜大厂回族自治县彩虹印刷有限公司　　0316-8863998
　　　　　（如发现印装质量问题，请与印刷厂联系调换）

开　　本｜710×1000mm　　1/16
印　　张｜14.5
字　　数｜232千字
版　　次｜2016年9月第1版　　2017年10月第3次印刷
书　　号｜ISBN 978-7-5699-1024-7

定　　价｜35.00元

父母怎么说，孩子才会听

一直以来，从孩子呱呱坠地之后，父母们最头疼的问题就是如何让孩子听话。鲜有父母因为孩子不听话而感到高兴的，大多数父母在晒孩子的时候，都夸奖孩子如何乖巧懂事，对父母的话如何言听计从。

的确，一个听话的孩子能让父母省心省事，无须因为孩子的执拗或者顽皮而煞费脑筋，生活也貌似能轻松很多。为此，很多父母在教养孩子的过程中，不知不觉间都在培养孩子听话的能力。殊不知，这样的教养方式对孩子的成长并没有好处，反而会扼杀孩子的天性，让孩子失去自主性、创新性，变得唯唯诺诺，习惯性地依附于父母。等到他们长大成人之后，又有谁去安排他们的生活呢？到那个时候，他们在人生的旅途中一定会感到非常迷茫。

作为一切以孩子为出发点的父母，与其现在为了省事时时刻刻教导孩子听话，不如采取更好的方式与孩子交流，和孩子之间实现真正的沟通。只有这样，父母与孩子才能真正了解彼此，心灵融合。

在现实生活中，虽然很多母亲含辛茹苦把孩子养大，父亲也任劳任怨一切为了孩子，但是父母并非真正了解孩子的需求，孩子也不能理解父母的良苦用心。这一切，都是沟通不到位导致的。

有位妈妈带着四岁的女儿一起参加盛大的圣诞聚会，聚会上摆满了美味的食物，圣诞树上挂满了金光闪闪的礼物盒，这一切都让人兴奋不已。然而，聚会刚开始没多久，女儿就吵闹着要回家。妈妈劝说几次都没用，女儿甚至坐到地上哭闹，似乎这不是一个欢乐的聚会，而是让人厌恶不已的地方。无奈之下，妈妈蹲在女儿身边，想安抚她的情绪，带她回家。这时，妈妈突然惊讶地发现，女儿视线所及，根本看不到高高的餐桌上摆放的食物，而只是一条条摇来晃去的成人的腿和或圆或方的桌椅板凳的腿。妈妈知道女儿哭闹的原因了，显然谁也不愿意这么度过新年。就这样，妈妈带着女儿回了家。从此之后，妈妈每次和女儿说话都会蹲下来，与女儿的目光保持平行。

这件生活中的小事无疑向我们传达了一条很重要的信息，即孩子看到的世界和成人眼中的世界是完全不同的。也正因为如此，孩子们的思维方式和表达方式也与成人完全不同。要想把话说到孩子心里去，与孩子愉快地沟通和交流，就应该蹲下来，认真观察孩子眼中的世界，习惯孩子的思维方式，以孩子乐于接受的表达方式与孩子进行亲子沟通。

把话说到孩子心里去，让孩子乐于与父母沟通，说起来简单，做起来很难。只有以对孩子的爱为支撑，以耐心为储备，才能真正做到尊重孩子，热爱孩子，体贴孩子，理解孩子，才能真正实现把话说到孩子的心里去。

父母们，你们已经踏上一场新的教育之旅，你想在旅途中找到与孩子最好的相处方式吗？那么，从现在开始，不要再把孩子当成私有物品，而是像对待最尊贵的朋友一样对待他们吧！只要你耐心倾听，真诚与孩子交流，你就一定能够走进他们的心里，和他们成为真正的好朋友！

目 录

第一章
跟孩子沟通，先要懂孩子的心理

民间有句成语，叫"对牛弹琴"。它的意思是说，对着牛弹琴，牛根本就不懂得欣赏优美的琴声。在和孩子沟通时，如果父母不了解孩子的心理，一味地从自己的角度出发，以成人的表达方式和孩子交谈，那么也无异于对牛弹琴。只有了解孩子在相应年龄段的心理和行为特征，才能有的放矢，触动孩子的心灵，让亲子沟通达到预期效果。

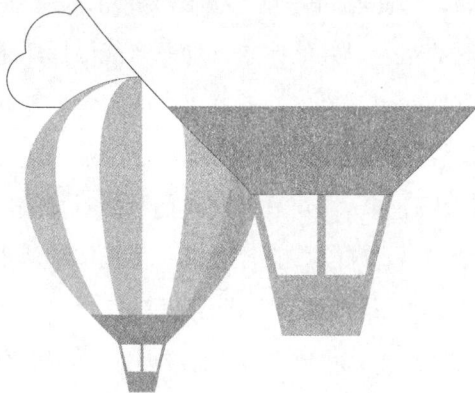

3～4岁孩子的身心特征：性格变化快，热衷于反抗

在3～4岁期间，孩子先是情绪平稳，和善友爱，继而变得焦虑，进入叛逆期。在刚刚进入三岁时，孩子非常快乐。他很喜欢分享，也善于接受外界的信息，安全感很强，因此心绪平静。他彬彬有礼，总是面带微笑，哭泣的次数大大减少。对于爸爸妈妈的要求，他总是能够快乐地接受，即使有些不情愿，也不会歇斯底里。当然，这并不意味着他一味逢迎，失去自我。在此过程中，他能够感知到自己正在不断成长，能力越来越强。在这个年龄段，他的依赖性比较强，很喜欢说"我们"。不管做什么，他都会说"我们"，因为这个词语意味着依赖和分享。他既依赖他人，也喜欢和他人分享。至此，他最喜欢且最依赖的人依然是妈妈。

正当爸爸妈妈暗自庆幸孩子从小魔头变成小绅士、小淑女时，孩子突然间又变了。因为，在你们不知不觉间，他已经顺着时间的长河流淌到生命的另一阶段。这个阶段，生命的河流就像从平静舒缓，突然进入激流和漩涡。孩子进入三岁半后，他们变得不再顺从乖巧，而热衷于反抗。在辛苦养育孩子的爸爸妈妈眼中，此时的孩子仿佛故意和他们做对，处处不让他们顺心。这个阶段，亲子之间特别容易发生争吵。以前水到渠成的事情，现在孩子都喜欢和爸爸妈妈对着干，例如吃饭、穿衣、洗澡、睡觉等。最让

爸爸妈妈沮丧的是，在之前三年多时间里总结出来的应对孩子的方法，如今全都失效了。究其原因，亲子冲突除了孩子故意和爸爸妈妈对着干之外，还因为随着孩子年龄渐长，爸爸妈妈对他们的期望也越来越高。事实却是，孩子的成长出现了反复，并没有顺理成章地继续朝着成熟发展。这种情况通常会持续到孩子四岁前后。在此期间，爸爸妈妈要多用心观察孩子。

　　吉吉三岁半了。最近，妈妈发现她变化特别大。原本，在吉吉进入三岁之后，妈妈每天都在庆幸女儿变得乖巧顺从了，也不再像小时候那样动不动就哭个没完了。然而，好景不长，从进入三岁半开始，吉吉又像是变了一个人。她变得和小时候一样，不爱穿衣服，赖床。每天早晨，妈妈做好饭喊吉吉起床，都像是一项声势浩大的工程。因为幼儿园离家比较远，所以妈妈看着哭个没完没了也不愿意穿衣服的吉吉，总是要抓狂。每天早晨，看着一脸泪水的吉吉，妈妈都是一头汗水。

　　有一天，妈妈从幼儿园接了吉吉去小区广场玩。在那里，吉吉遇到了好朋友珠珠，吉吉妈妈也和珠珠妈妈站在一起聊了起来。珠珠比吉吉大一岁，当吉吉妈妈满含苦恼地说出吉吉最近的"恶劣行为"时，珠珠妈妈马上感同身受，她以过来人的口吻告诉吉吉妈妈："没关系的，慢慢熬吧，等到孩子四岁之后就好多了。我家孩子三岁半到四岁期间，也特别矫情，还很固执，我简直怀疑她是我的冤家呢！"和珠珠妈妈聊天之后，吉吉妈妈意识到吉吉也许在经历特定的成长阶段，因而查阅了孩子心理发育的相关资料，决定改变对待吉吉的方法。

　　第二天清晨起床，吉吉依然不配合。这时，妈妈说："吉吉，等你穿好衣服，我们一起去麦当劳吃早餐吧！"吉吉马上高兴地一跃而起，还央求妈妈快点儿帮她穿衣服。去幼儿园的路上，妈妈一直在和吉吉聊一些高兴的话题，吉吉情绪很好，再也不像平时那样哭哭啼啼地去幼儿园了。偶尔吉吉表现出不想去幼儿园的意思，妈妈也马上赞扬吉吉："吉吉真是特别棒呢，是妈妈的骄傲。吉吉比小妹妹表现好，小妹妹总是哭，吉吉却始终笑眯眯的，让妈妈心情也很好。"

对待三岁半的吉吉，妈妈从苦恼转变成顺从地接受从而和孩子沟通很顺畅。只有接受孩子，了解孩子心理发育的特征，爸爸妈妈才能少一些烦恼，让自己开心地陪伴孩子成长。试想，如果吉吉妈妈一直都怀着排斥、抗拒或者不耐烦的心情对待吉吉，那么吉吉的叛逆、对抗一定会愈演愈烈。与其抗拒孩子成长过程中的状况百出，不如接受孩子的一切，陪伴孩子一起走过成长的各个阶段。

对于三岁半的孩子来说，他们之所以表现得非常固执，并非是因为自信，而是因为他们缺乏安全感。他们小小的心灵正在经受焦虑的煎熬。随着经验的增加，他们再也不像两岁多那样不知天高地厚，可以毫不犹豫地从高高的地方一跃而下。现在的他们，更加了解外界，更加意识到自己能力的不足，甚至搭积木都小心翼翼，生怕一不小心就使辛辛苦苦搭建好的高楼大厦坍塌了。生活中最常见的是，他们甚至连说话都不如半年前流利，因为他们害怕自己无法流畅地组织语言并且一气呵成地说出来。很多父母都因为三岁多的孩子突然有些结巴而感到担心，其实，这只是孩子紧张焦虑的一种表现。这个阶段，孩子的不安全感体现在很多方面，爸爸妈妈只要用心观察就能发现。

孩子们三岁半后，自我意识越来越强，也越来越喜欢自己成为主宰。他们甚至学着对爸爸妈妈发号施令。很多妈妈都在孩子三岁半时倍感挫折。有些妈妈甚至会故意逃避，把孩子交给其他人养育，这样孩子就不能恃宠而骄了。当然，这种教养方式是不恰当的。妈妈应该理解这个阶段孩子的心理特征，在理解的基础上进行沟通交流，这样养育三岁半的孩子就很简单，很省心。

4～5岁孩子的身心特征：自我意识萌发，希望独立

在经历了一岁左右的断奶期之后，孩子在4～5岁时，迎来了心理断奶期。细心的爸爸妈妈会发现，孩子一旦过了四岁，几乎每天都在变化。这种变化体现在他成长的各个方面，例如生活自理能力更强，理解和表达能力也更强，尤其是行动力，简直取得了突飞猛进的发展。在这段时间里，他们完成了从婴儿到幼儿的迅速转变。你会发现，四岁的孩子还不能很好地洗漱、穿衣，但是到了四岁半左右，他们已经基本能够自理了。他们早晨起床之后按照每日既定的秩序，穿衣、洗漱、吃饭等。如果你是一个喜欢与孩子聊天的妈妈，你还会发现孩子的词汇量有了质的飞跃，他们不再只会说简单的词语，而是开始大量使用形容词等，说话更加生动。他们的表达能力迅速提升，甚至可以把自己一天的日程都讲给你听。

进入四岁之后，孩子有了"朋友"的概念。他们往往会有一个朋友，这个朋友也许是同性，也许是异性。他和朋友会进行简单的交往，朋友对他也会产生一定的影响。当你细心地听到年纪相仿的孩子在一起聊天，一定会情不自禁地笑起来。随着自我意识的发展，这段时间内，孩子更加希望独立。他们希望能自作主张做一些之前爸爸妈妈不允许他们做的事情。当然，为了避免被惩罚，他们也会控制自己，不触犯规则。在买东西的时候，如果你让孩子付钱，孩子一定会非常高兴；家里需要倒垃圾的时候，如果你让孩子去楼下扔垃圾袋，他会获得莫大的成就感；如果幼儿园离家很近，你也可以让他独自去上学，那样他一定觉得自己瞬间变成了男子汉。在这段时期，如果爸爸妈妈用心培养孩子的自主意识，孩子的独立能力就会很强。

　　每个工作日的早晨都是忙碌而慌乱的。妈妈不但要给乐乐和爸爸做饭，还要送乐乐去幼儿园。这天早晨，爸爸提前出发去上班了。家里只剩下妈妈和乐乐。在妈妈的再三催促下，乐乐终于刷完牙，洗完脸，也吃完饭了。这时，妈妈先帮乐乐穿好外套，自己才去穿外套。乐乐等得不耐烦，问："妈妈，您好了没有啊？我要走了哦！"妈妈着急地说："别催啦！"过了十几秒钟，乐乐又喊："妈妈，您好了没有啊？"妈妈又气又急地开玩笑说："你走吧，你自己走吧！"一分钟之后，妈妈穿好衣服走出家门，突然发现乐乐居然没有站在楼下等她！

　　惊慌之余，妈妈脑海中一片空白，但好歹没有失去理智。她骑上自行车，急忙顺着日常走的路开始找乐乐。一直走到三四幢楼之外，妈妈才看到乐乐的身影。他穿着宝蓝色羽绒服，戴着帽子和围巾，一边走一边东张西望。再往前就是小区里的路了，会有车辆。妈妈原本想喊乐乐一声，又想观察他会不会过马路，就一路尾随。还好，乐乐左看看右看看，看到没有车辆，便迅速小跑着通过了道路。这时，妈妈依然在后面尾随，突然听到乐乐在唱歌。妈妈忍俊不禁，就在这时，乐乐回头张望，看到了妈妈。

　　妈妈把乐乐抱到自行车后座上坐好后问道："你怎么自己走了？"乐乐沾沾自喜地说："您不是让我先走嘛！"妈妈说："傻孩子，你一个人上学会害怕吗？"乐乐不好意思地笑了，说："说真的，还是有点儿害怕的。不过，我一唱歌，就没那么害怕了，所以我就边唱歌边走。"妈妈表扬乐乐："妈妈看到你过马路了，你还是很有安全意识的。你左看看右看看，没

有车才过的，对吧？"乐乐喜滋滋地点点头。妈妈温柔地说："不过，妈妈认为你还太小了，路上车太多，应该等妈妈送你。等你长到9岁的时候，就可以自己上学了。"听到妈妈的话，乐乐无限憧憬着9岁之后独立上学的日子。这次之后，乐乐越来越独立了。

　　在这个事例中，乐乐的独立意识已经萌芽了。乐乐的妈妈很聪明，她没有劈头盖脸地数落乐乐，而是表扬了乐乐，认可乐乐过马路的表现。只有这样，乐乐才乐意把妈妈的意见和建议听到心里去。

　　每个孩子到了四岁之后，都会有着强烈的自我意识。他们不想再安分地守在爸爸妈妈身边，而想要独立去干很多事情，尝试新鲜的事物。如果能够事先了解孩子的心理发育特点，就会理解孩子的所言所行，更好地引导孩子。一味地压制或者管制，并不能让孩子更加听话。反而，要想与孩子更好地沟通，就一定要了解孩子，走进孩子的心里。

　　大多数四岁的孩子还会表现出一个明显的特征——行为过度。他们似乎很容易激动和冲动，比如，他们气急败坏的时候会说脏话，吐口水，还会打人。当然，高兴的时候情况也好不到哪里去，他们会大肆庆祝，甚至给别人带来麻烦。不管是哭还是笑，四岁的孩子都那么热烈奔放。他们的语言表达也很夸张，例如他们喜欢说"比天还高""比宇宙还大""比魔鬼更可恶"。似乎只有这样极端的形容，才能达到他们的目的。如果你知道四岁孩子总是喜欢这样夸大其词，你就会渐渐适应他们夸张的表达方式。

　　也许这么说，父母一定会很担忧。四岁的孩子这样冲动顽皮，如何才能变得懂事呢？不用担心，孩子到五岁的时候，他们就会变得乖巧。这个过程，是在孩子自身的成长中完成的，无须外界过多的干扰。也许在你不经意间，他突然就乖巧懂事了，能够平静地讲道理，做事情也更加有分寸。这就是成长的奥秘。

5～6岁孩子的身心特征：感情相对稳定，渴望关爱

对于孩子的成长经历而言，5～6岁是比较稳定的时期。5～6岁的孩子，非常温顺乖巧，也很安静。他们不再那么叛逆，凡事都和父母对着干。他们的自我意识发展更完善，甚至可以对自己做出评价。正因为如此，他们不再一味地相信爸爸妈妈的评价。这个时期的他们，变得更加客观，能够从几个方面看待问题，开始有自己的思考。

相比较小时候很容易受到外界事物的影响，这个年龄段的孩子情感更加稳定。这一点，从他们的人际关系上就可以看出来。他们有了稳定的朋友，每天都喜欢和朋友一起玩耍。他们的感情也更加内敛，如果说以前摔倒了会马上号啕大哭，那么现在他们已经学会了承受。他们摔倒了，会忍着疼，尽量不哭出来。他们喜欢照顾比自己小的孩子，并且对此表现出极大的热情。

5～6岁的孩子开始对婚姻敏感。他们最先想要嫁给爸爸或者迎娶妈妈，渐渐地开始喜欢身边的小朋友，并且公开讨论自己要和谁结婚。甚至，他们对选择与谁结婚，还会有自己的考量和权衡。这个时期的孩子对数字更加敏感，刚刚开始接触数学的他们很喜欢把数学运用于生活之中，所以买菜的时候让他付钱，或者去超市的时候让他结账，对他都是很好的锻炼。

六岁的闹闹有了一个小妹妹。小妹妹刚刚诞生时，闹闹兴奋极了，不管看到谁，都会炫耀自己有小妹妹。然而，没过两个月，闹闹就不喜欢小妹妹了。原来，全家人在照顾小妹妹的时候，忽略了闹闹。虽然闹闹已经可以自己穿衣服、洗漱，自己吃饭，但是，他还是感受到自己被冷落了。

有一天，爸爸刚刚下班回来，就去卧室抱起小妹妹。这时，闹闹再也忍不住委屈的泪水，说："你们只关心小妹妹，只抱她，不抱我。"听到闹闹吃醋了，全家人都笑话他，说："你都六岁了，是个男子汉，怎么还要抱呢？你可以自己走路，想去哪儿就去哪儿，小妹妹很小，还不能自己走路啊！"闹闹一言不发，回到自己的卧室关上门。后来，妈妈意识到闹闹也许很失落，就去看闹闹。不想，闹闹正一个人躲在房间里伤心地哭呢。妈妈问："闹闹，你为什么哭啊？"闹闹难过地说："妈妈，您是不是不爱我了。"妈妈笑着说："傻孩子，我们怎么会不爱你呢？"闹闹又问："那您为什么抱小妹妹，不抱我呢？妈妈，您可以抱我吗？"这次，妈妈没有笑闹闹有了小妹妹之后行为退化，而是坐在闹闹身边，把闹闹抱在怀里，一本正经地告诉闹闹："闹闹，爸爸妈妈永远都爱你。不管我们有几个孩子，我们最爱的就是你，因为你是爸爸妈妈的第一个孩子。你是妹妹的哥哥，你也应该和爸爸妈妈一起爱妹妹，好吗？"听了妈妈的话，闹闹开心地笑了。

在这个事例中，闹闹吵着也让爸爸妈妈抱，并非是为了争风吃醋，而只是想验证爸爸妈妈是否像爱小妹妹一样爱自己。如果家里人一味地说闹闹已经长大了，不用抱了，那么闹闹一定会认为爸爸妈妈不爱他了。其实，孩子的心思是很细腻的。只需要抱抱他，他心里的疑虑就会解开，何乐而不为呢？况且，即使没有小妹妹，爸爸妈妈也是应该多多拥抱六岁的闹闹的。

很多时候，我们觉得孩子是在"作"。实际上，孩子说出的是自己真正的需求。如果爸爸妈妈太粗心，那么孩子稚嫩的心灵也许就会因此受到伤害，影响未来的人生之路。5～6岁的孩子，非常安静内敛，也充满爱心。要想让他们快乐地成长，爸爸妈妈就应该给予他们足够的爱和关心，这样他才能更加快乐幸福。

6～7岁孩子的身心特征：内心充满矛盾，行为两极化

　　和5～6岁的孩子相比，6～7岁的孩子简直判若两人。他不再像五岁时那么安静内敛，而是变得非常纠结，犹豫不定。他处于不断地快速变化之中，更加勇敢坚强，成熟独立，也更富于冒险精神。然而，即便如此，他依然很纠结。在做出选择的时候，他的内心深处总会产生一种冲动，让他情不自禁地想要做出完全相反的选择。对于六岁的孩子来说，走过六岁是很艰难的一段心路历程。不管面对什么事情，他都拿不定主意。尤其是在选择的时候，简直就像患了选择恐惧症。就像一个贪心的人想要鱼和熊掌兼得一样，六岁的孩子也希望面面俱到。然而，生活逼着他必须做出明确的选择，不管过程多么艰难。在大事情上，一旦做出选择之后，六岁的孩子又表现得非常顽固，很难改变主意。与此相反，在小事情上，他总是颠来倒去地选择，纠结不已。在这种情况下，爸爸妈妈其实可以帮助孩子分析现实情况，让孩子的思维更加清晰地权衡利弊，进行比较，最终拿定主意。

　　六岁的孩子还存在视觉颠倒的现状。最明显的表现就是，他在写字的时候，总是颠倒笔画或者字母。也正因为如此，有的教育学家建议推迟孩子的读写训练。因为，视觉颠倒对于孩子是难以逾越的障碍。看到这里，肯定会有很多爸爸妈妈恍然大悟地说："难怪呢，孩子写字总是颠倒笔顺。"唯有了解，才能理解。

　　这个周末艳阳高照，妈妈决定带嘟嘟去游乐场玩。听到这个好消息，嘟嘟一蹦三尺高，因为他很早以前就期待去游乐场。

　　玩了半天，嘟嘟有些累了，妈妈决定带嘟嘟去吃饭，休息之后下午再继续玩。他们来到一家餐厅，嘟嘟要了一份三杯鸡米饭套餐。这时，妈妈问："嘟嘟，你想吃一份冰淇淋吗？"嘟嘟当然想吃啦。不过，在选择吃什么口味的冰淇淋时，嘟嘟纠结了。他先是不假思索地回答妈妈："巧克力味道的。"不过，他马上又说："也许，香草口味的也不错吧！""那么，你到底想吃什么口味的呢？"妈妈疑惑了。嘟嘟沉思片刻，又说："还是巧克力味道的吧，我喜欢吃巧克力。"看到嘟嘟犹豫不定的样子，妈妈建议："要不咱们还是先吃饭吧，等吃完饭，你想好吃什么口味的冰淇淋，咱们再买。买得早呢，也会化掉。"嘟嘟表示同意。

　　吃饭时，妈妈问嘟嘟："嘟嘟，你到底想买哪种口味的冰淇淋呢？"嘟嘟为难地说："我喜欢吃巧克力味道的，不过，香草味的应该也不错，都很好吃。"妈妈继续说："我觉得是这样的。咱们家里有很多巧克力，你也经常吃巧克力。香草味道的呢，家里很少有机会吃。"嘟嘟想了想，说："妈妈，我就吃香草味道的吧，因为我回家之后还可以吃巧克力呢！"看到嘟嘟释然的样子，妈妈也开心起来。

　　嘟嘟这么纠结，就是因为他处于六岁的纠结阶段。他犹豫不决，既想吃巧克力味道的，也想吃香草味道的，几乎无法取舍。不过，在妈妈的分析下，他意识到自己回家也可以吃巧克力，就没有必要再吃巧克力味道的冰淇淋了，不如尝尝平日里不常吃的香草口味的，一定会是很愉快的感受和体验。就这样，嘟嘟顺利做出了选择。

　　面对孩子的纠结，妈妈没有感到不耐烦，也没有催促，而是帮助孩子

进行分析，从而更好地取舍。这样，一方面能够帮助孩子学会选择时如何思考衡量，另一方面也能避免孩子因在仓促之中做出选择而感到后悔。爸爸妈妈们，你们是否也发现孩子在六岁前后表现出的纠结呢？千万不要厌烦地催促孩子或者嫌弃孩子，只有给予他足够的思考时间，或者站在孩子的角度加以引导，孩子才能拥有更加清晰的思路。

7～8岁孩子的身心特征：谨小慎微，安静内敛

　　七岁的孩子就像是胆小谨慎的小鹿，充满灵性，安静内敛。他们总是很"担心"，担心作业没有完成好，担心被爸爸妈妈批评，担心好朋友不理他，担心自己不够优秀。对于孩子的追求完美，爸爸妈妈应该引导他们正确认识自己，客观评价自己，力所能及地做好自己。当然，在担心自己的同时，他们也很担心别人伤害他们。因此，对于七岁的孩子来说，这个世界上很少有绝对的好人。虽然如此，他们依然在成长。他们变得更加懂事明理，也愿意设身处地地为别人着想，同时自我意识越来越强，更加渴望独立。在这个年龄段，爸爸妈妈应该给予孩子更多的自由空间，让他们学会自制。切勿动辄就对孩子大呼小叫，伤害他们的自尊心。

　　在度过漫长艰难的六岁之后，爸爸妈妈和老师都不约而同地松了口气。终于不再纠结了，孩子可以享受沉静安宁的童年，他们也不再提心吊胆了。然而，他们却开始退缩，不再初生牛犊不怕虎，而是处处谨小慎微。最让人着急的是，他们似乎最想做的事情就是躲到世界的某个角落中，与世隔绝，才能感到安全。和六岁时的开放相比，七岁的孩子自闭得让人担忧。

　　与此同时，七岁的孩子也变得更加勇敢。曾经难以接受的事情，他

们开始从理智的角度接受。例如，六岁的时候他曾经因为看牙医而歇斯底里，但是七岁的他已经能够相对冷静地面对牙医了。他说："如果不看牙医，我的牙就会一直疼。必须接受牙医的治疗，我的牙才能止住疼痛。"也许是因为激动亢奋的时候太少，七岁的孩子常常陷入负面情绪之中。例如，一个七岁的男孩说："我不想活了，我太倒霉了。"询问之后你会发现，他不想活的原因就是因为和一个不喜欢的孩子同桌。

尽管时常陷入负面情绪中，七岁的孩子还是会非常努力地控制自己的。要知道，对于这个小人儿来说，能够控制自己并不是件容易的事情。正因为如此，爸爸妈妈才要引导孩子，让他们了解凡事都不可能完美，应该接受最真实的自己。如果说六岁的孩子是呼啸的大海，那么七岁的孩子则是暗流涌动的大海。在看似平静的外表下，他们常常在与自己做斗争，希望自己把一切做得更好。

看到七岁的孩子有这么多的小小忧郁，爸爸妈妈常常会担心。要知道，随着生命的长河向前缓缓流淌，七岁的孩子走到八岁，就会渐渐变得快乐起来。爸爸妈妈需要做的，就是耐心倾听七岁孩子的抱怨，不要把他对朋友的憎恨当真，也不要认为生活真的如他所说的那般痛苦。这一切，对七岁的孩子来说都是正常现象，只有爸爸妈妈沉得住气，才能帮助孩子不再感情用事。

豆豆七岁了。他的七岁生日恰逢周末，妈妈决定带他去商场买礼物。到了商场，豆豆看到很多小朋友聚集在一起，也赶紧飞奔过去。原来，这里临时搭建了一个小朋友的训练营。训练营是用结实的木棒捆绑在一起的，既有攀爬的项目，也有独木桥等。整个训练营有三层楼那么高，分为三层。毫无疑问，随着高度的升高，训练难度也越来越大。已经有很多小朋友上去玩了，其中有些小朋友才三四岁。有教练在一旁保护孩子们，孩子们身上还系着安全带。看到豆豆一直站在旁边看，妈妈也想让豆豆上去试一试。豆豆始终很犹豫，说："等会儿，等会儿。"他站在旁边观察了很久，始终不能下决心上去。原本一直在一旁耐心等待的妈妈有些着急了，说："你看看，还有很多三四岁的小朋友呢！他们都不害怕，你都是七岁的大哥哥了，怎么能落后呢？"在妈妈的再三鼓励下，豆豆才决定上去试一试。

看得出来，豆豆很紧张。尽管是在第一层，系着安全带，下面是厚厚的海绵垫，还有教练守护在不容易通过的地方，他依然很害怕。在妈妈交完钱之后，他甚至想打退堂鼓。妈妈只得一本正经地说："钱已经交了，必须玩。别害怕，妈妈相信你是最棒的！"这样的话，并不能让豆豆鼓起勇气。于是妈妈把豆豆揽在怀里，耐心地说："豆豆，你看看，这些项目看起来难，其实并不难。我想，只要你尽力，一定能够顺利过关的。"站到一层高的木棒上，豆豆真的没有退路了。他排在小朋友的队伍后面，顺次过关。在艰难地走过第一圈之后，他居然喜欢上这项运动。妈妈赶紧给他鼓劲："豆豆太棒啦！豆豆真勇敢！"就这样，一圈两圈三圈，豆豆居然接连走了七八圈。不过，对于二层，他还是不敢挑战。妈妈没有催促他，而是耐心地等他把第一层玩熟了，自己提出要去第二层过关。

这个事例中的豆豆，远远没有三四岁的小朋友胆大。其实，这是很好理解的。三四岁的小朋友初生牛犊不怕虎。豆豆呢，已经七岁的他有了很多的经验，也有了更多的担心。想到这一点，妈妈就不会责备豆豆不如弟弟妹妹勇敢，而是想办法帮助豆豆打消顾虑，勇敢向前。孩子不管接受什么事物，都需要一个消化的过程。俗话说"一口吃不成个胖子"。只有给予孩子足够的尊重、理解和信任，让孩子多多练习，他才会变得更加勇敢。

爸爸妈妈们，面对7～8岁的孩子，你们做好足够的心理准备了吗？看着曾经活泼开朗、天不怕地不怕的孩子在进入七岁之后变得谨小慎微，你们千万不要着急啊！只有多多鼓励孩子，帮助孩子打消顾虑，他们才会变得勇敢起来！只要经过沉默的七岁，他们就又会变得积极主动，开朗乐观！

8~9岁孩子的身心特征：性格相对成熟，参与感强

进入八岁之后，孩子们的性格发育越来越成熟。他们既依赖他人，也有很强的自我意识。他们希望作为平等的个体与他人交流，生怕受到忽视。在人际交往中，他们学会遵守时间。早在七岁的时候，他们常常因为时间紧、任务重而苦恼。如今，他们的行动更加敏捷，效率得到了极大的提高，所以迟到的现象很少再出现。上学，对于他们而言，变成了一件让人开心的事情，因为他们知道自己应该在什么时候做什么事情。相比七岁的孩子去学校的路上总是心情不好，八岁的孩子甚至不愿意长久地待在家里，而希望融入集体之中。对于这个年龄段的孩子而言，两个月的暑假不是太短，而是太长。细心的孩子还会为自己准备课程表，放在书包里，随时了解课程的时间。爸爸妈妈终于可以轻松一些，因为八岁的孩子基本能够自理，按部就班地做自己该做的事情。

不过，八岁的孩子虽然起床没什么困难，但是却很排斥上床睡觉。毕竟，上学比睡觉更重要。而且，精彩的电视节目也吸引着他们的注意力。每当和爸爸妈妈在一起的时候，他们最喜欢的不再是听爸爸妈妈讲故事，而是喜欢爸爸妈妈给他讲一些传说，或者以前的生活趣事。他们喜欢了解"过去"，这让他们更好地定位自己。

　　和小时候相比，八岁孩子的生活半径扩大了。他喜欢和伙伴们一起钻到树丛里玩，因为那里充满了神奇的吸引力。他还喜欢独自出门，甚至对此无限憧憬。正是在不停地探索中，他渐渐地长到九岁。在这个年龄段，他不但关心自己，也更关心家庭。他明确意识到自己是家庭的一分子，变得极其活跃，不管家里有什么事情，他都希望能够参与其中，或者发表自己的看法和见解。在这个时期，爸爸妈妈一定不要忽视他，而应该给予他足够的尊重和平等。即便如此，他却不喜欢被别人安排。曾经妈妈每天早晨为他准备好的衣服，他一定不想再穿。很多时候，他之所以不喜欢穿妈妈为他准备的衣服，并非是不喜欢那套衣服，而是因为不想听妈妈的话。如果说他在七岁时还恨不得每分每秒都和妈妈在一起，那么他在八九岁时，只祈祷妈妈不要总是盯着他的一举一动，一言一行。

　　在爸爸妈妈讨论周末去哪里度假时，乐乐一直在旁边倾听。不过，爸爸妈妈你一言我一语的，让他没有插嘴的时间。好不容易等到爸爸妈妈安静下来，乐乐忙不迭地说："爸爸，我有个建议。"爸爸惊讶地看着乐乐，说："哦，你也有建议？你都没有去过多少地方，哪里能想出好建议！"听到爸爸的话，乐乐很不高兴，撇着嘴巴不再说话。

　　看到乐乐情绪低落，妈妈赶紧过来打圆场，说："快说说，说不定你还有好主意呢！"乐乐这才不情愿地说："你们可别小看我，我也是有朋友的。我们班里的同学中，有人去过珍珠泉景区，那里有山有水，很好玩呢！现在正好是夏天，不如咱们去游泳吧！"爸爸当即又表示反对："你难道想把自己晒成焦炭吗？这种天气，怎么可能去室外晒一整天！"看到爸爸否定自己的提议，乐乐又不高兴了。他说："我的提议都不好，你们根本不想听，根本不在乎我的想法！"

　　看到乐乐的确很受伤的表情，爸爸缓和语气，说："儿子，你的提议的确很好。不过，这几天是大晴天，温度太高，而且紫外线特别强。爸爸

可舍不得把你和妈妈晒成非洲人啊！"乐乐破涕为笑，说："那咱们去爬山吧。山上都是树木，很清凉，还能锻炼身体呢！"爸爸当即表示同意，说："好的，就这么办吧！爬山好，咱们还可以野餐呢！"

　　如果爸爸继续否定乐乐的建议，乐乐以后一定不会再提建议了。作为家庭成员之一，乐乐也希望自己能够提供有价值的建议。当看到爸爸否定自己的建议时，他小小的自尊心还有些受伤呢！幸好，乐乐的第二个建议比较合理，爸爸正好借坡下驴，采纳乐乐的建议，也维护了乐乐的自尊。

　　虽然孩子小，但是也应该从小就培养他们的主人翁意识。很多父母总是抱怨孩子从来不知道为家里分忧解难。其实，这件事情的根源还要追究到对孩子的教养方式上。如果爸爸妈妈总是包办一切，不给孩子任何机会参与家庭事务，那么孩子一定会游离于家庭生活之外，不能更好地为家里的诸多事情出谋划策。因此，在孩子表现出对家务事的热情时，不管是体力劳动还是脑力劳动，爸爸妈妈都要积极支持孩子，培养孩子的独立自主能力。

9~12岁孩子的身心特征：性格差异显现，与父母有疏离感

当孩子进入九岁，他们之间的差别也就越来越多。例如，有的孩子喜欢关心家里的事情，有的孩子对家里的事情漠不关心；有的孩子是财迷，有钱就喜欢攒起来，有的孩子则没有金钱意识，恨不得把所有的钱一下子都花出去；有的孩子学习特别认真，而且很自觉，有的孩子最讨厌学习，天天逃课出去玩耍……总而言之，随着年龄增长，孩子之间的差异越来越大。

当孩子进入九岁时，爸爸妈妈首先要调整自己，以适应完全不同的孩子。记得曾经有人说过，每个妈妈都觉得自己的孩子是天才。然而，到了三年级，天才的假面被揭穿，爸爸妈妈必须接受孩子平庸的事实。尤其是在学习方面，千万不要以过高的标准严格要求孩子，因为孩子的天赋不同，学习方面也必然存在差异。而且，随着社会经验的积累和眼界的开阔，孩子们再也不像小时候那样依赖爸爸妈妈，信赖爸爸妈妈。他们更加关注自己，希望能够按照自己的想法安排生活。因此，对于九岁孩子的爸爸妈妈而言，当务之急就是调整心态，以平等的态度对待孩子。也许有些父母会说，不管孩子多大，在父母眼中都是孩子。的确，父母对孩子的疼爱永远不会改变。然而，在孩子心目中，他们俨然认为自己已经长大了。

在这个阶段，曾经喜欢拥抱儿子的妈妈会发现，儿子不喜欢让自己抱了，甚至走路的时候也不能挽着胳膊。曾经把女儿当成小情人的爸爸会发现，女儿与自己越来越疏远了，平白无故中多了几分羞涩。当爸爸妈妈还把孩子当成幼儿想要在公开场合拥抱和亲吻他们时，他们恨不得找个地缝钻进去，甚至觉得自己太丢人了。孩子对爸爸妈妈毫无嫌隙的依赖和相互依存，至此告一段落。接下来的日子，就是爸爸妈妈与孩子保持一定距离，看着他们成长，渐行渐远。

从孩子九岁起，如果父母能够调整好自己的心态以及管教孩子的尺度，相信孩子会成长得很好。当然，每个孩子的成长过程都是不同的。在九岁的孩子中，不乏有些孩子还对爸爸妈妈很依恋。这时，爸爸妈妈不妨耐心等待孩子的成长和独立。对于九岁的孩子来说，他们已经学会照顾弟弟妹妹，人际关系处理也更加成熟。正因为如此，对于不止有一个孩子的家庭来说，爸爸妈妈在处理孩子之间的争吵时，一定不要让九岁的孩子感到不公平。如果说此前他只是争风吃醋，那么他九岁时感受到的不公平会让他牢记于心。

进入三年级以后，朱朱特别苦恼。第一次考试，他就考得很不好，勉强及格。朱朱怎么也想不明白，自己在一二年级的时候，经常考一百分，现在为什么突然这么落后了呢？看到朱朱沮丧地拿着试卷回到家里，妈妈当然知道朱朱很伤心。其实，妈妈比朱朱更着急，因为三年级是分水岭，如果成绩不能提高，那么以后就很难提高了。为此，妈妈好言好语地问朱朱："朱朱，你怎么了？"看到妈妈这么温柔地说话，朱朱突然大哭起来："妈妈，您打我吧，您打我的话，我才能好受一点儿。我考试太差了，我都没脸见人了。"妈妈拿起朱朱的试卷看了看，又问朱朱："朱朱，你的作文怎么没写呢？你看看，作文就占30分。如果你把作文写完，考试成绩会提高很大一截呢！"朱朱为难地说："但是，但是我不知道应该写些什么。"作文题目是《我的家乡》，妈妈理解地说："的确，你回家乡的次数很少。这样吧，妈妈过段时间带你回趟老家，你好好了解一下咱们的家乡，好不好？"看到妈妈没有责怪自己，朱朱更加羞愧了。

在又一个周末到来之际，妈妈带着朱朱回到家乡。她耐心地带朱朱走街串巷，告诉朱朱家乡的特产、风俗人情等。悠闲而又充实的两天过去了，朱朱对家乡的了解越来越多。回到学校之后，他写了一篇《我的家乡》交给老师，获得了老师的赞赏。

在这个事例中，如果妈妈因为朱朱考试没考好，而着急地批评朱朱，那么一定会严重打击朱朱的自信心和学习的积极性。充满智慧的妈妈，虽然心里着急，但是依然理智地为朱朱分析试卷，帮助朱朱找到没取得好成绩的原因。后来，妈妈又不辞劳苦地带朱朱回到家乡，带着朱朱一起了解家乡。也许正因为如此，朱朱就爱上写作文了呢！

爸爸妈妈们，9～12岁不但是孩子身体和心理发育的关键时期，也是学习上打基础的关键时期。只有以爱和尊重对待孩子，让孩子感受到平等和民主的家庭氛围，感受到爸爸妈妈真切的爱，孩子才能健康快乐地成长。这个年龄段的孩子自尊心越来越强，爸爸妈妈在和孩子交流的过程中也应该注意措辞，保护孩子的自尊心和自信心。

第二章

了解孩子的性格，沟通才能有的放矢

　　教育孩子，是一项任重而道远的工作。它不像很多事情那样，只需要付出努力就行。教育孩子，不但需要我们给予孩子足够的爱心、耐心、理解和宽容，还需要我们深入了解孩子，熟悉孩子的脾气秉性，才能把话说到孩子心里去，得到预期的效果。孩子是一个独立的个体，他有自己的精神世界和主观意识。只有把孩子作为平等的个体，交流才会更加顺畅。要想做一个好爸爸或者好妈妈，你需要怀抱一颗赤子之心，走入孩子的内心世界。

暴躁型孩子：你要充当"灭火器"

俗话说"千人千面"。这句话不但适用于成人，也同样适用于儿童。更有一位名人说，世界上没有完全相同的两片叶子。同样的道理，世界上也没有完全相同的两个人。也许有人会说，双胞胎就是长得一模一样的。其实，双胞胎只是容貌看起来非常相像而已，他们的性格也有可能完全不同。

在教养孩子的过程中，针对不同性格的孩子，父母所采取的应对方式也应该是不同的。否则，就无法做到尊重孩子的天性，因材施教。那么，爸爸妈妈们，如果你们的孩子性格暴躁，你应该如何对待他呢？

大多数脾气暴躁的孩子，往往有着脾气暴躁的爸爸或者妈妈。当孩子因为愤怒而发脾气的时候，爸爸妈妈应该如何处理呢？也火冒三丈，和孩子针锋相对吗？也许，这样做的结果就是导致孩子更加愤怒，甚至失去理智。其实，孩子的心智发育还是不成熟的，他们看待问题难免片面或者不够冷静理智。对待愤怒的孩子，聪明的爸爸妈妈会避其锋芒，不会在那个时间点非要与孩子争个高低胜负。只要给孩子一段时间思考，他们一定会意识到自己的情绪过于激烈，等到他渐渐恢复平静之后，自然也会冷静思考，甚至还会主动向爸爸妈妈道歉呢！

　　既然孩子性格暴躁，都是因为愤怒和冲动惹的祸，那么爸爸妈妈一定知道，对待暴躁型孩子，你要充当灭火器，帮助他们平静情绪，恢复理智。唯有如此，才能让孩子减少愤怒的时间，进而学会冷静，恢复理智，从而学会控制自己的情绪。当孩子发怒的时候，火上浇油是万万不行的。当然，帮助孩子"灭火"的方式有很多种，最重要的是首先要认可孩子，然后再让孩子讲述自己的烦恼和委屈。成人也常常有这样的体验，即原本让自己很生气的事情，如果缓一缓再去想，就不那么让人难以接受了。对孩子来说，也是同样的道理。

　　放学了，豆豆怒气冲冲地回到家里。看到爸爸，他马上喊道："我以后再也不和吉吉玩了，我恨死他了。我明天一定要狠狠揍他一顿，打死他！"听到豆豆的话，爸爸知道他一定在盛怒之中。虽然爸爸很想教育豆豆不要打人，但是他知道任何教诲的话无异于火上浇油，因此他很淡定地问："我想，吉吉一定让你很生气。""是的，是的，气死我了！"豆豆一边歇斯底里地喊着，一边走进房间。

　　过了没多大会儿，爸爸感觉豆豆的情绪应该平静些了，便询问豆豆："豆豆，吉吉做什么了，让你这么生气？"豆豆打开了话匣子，开始和爸爸倾诉。刚开始时，他依然很愤怒，讲述到最后时，他突然笑了起来，说："爸爸，其实现在想想，吉吉做的事情也没什么，我不应该这么生气。"看到豆豆恢复平静，爸爸这才语重心长地说："是啊，我看你刚才那么生气，就知道吉吉一定做了错事。不过呢，你想想，你有的时候也会不小心做错事情，我想吉吉一定不是故意的。既然他也曾经包容和原谅你，爸爸相信你也有胸怀和气度去原谅他。你们还是好朋友吧？"豆豆沉思片刻，坚定地点点头，说："嗯，我们还是好朋友。"

　　虽然爸爸起初并不知道豆豆为什么那么生吉吉的气，但是他很了解豆豆，知道豆豆是个性格暴躁、容易发怒的孩子。为此，爸爸首先对豆豆的气愤表示理解，而没有当即教育豆豆。正是因为爸爸的理解，豆豆的情绪才渐渐恢复平静，等到和爸爸讲述完事情经过之后，他已经怒气全消了。爸爸明智的做法，帮助豆豆消散了怒气。最后的教诲，无异于画龙点睛，告诉豆豆对朋友应该宽容和理解。如此一来，豆豆下次肯定不会再为类似的事情发怒了。

爸爸妈妈们，如果你们的孩子也性格暴躁，非常容易动怒，那么不妨学学豆豆爸爸的做法，在孩子发怒时先充当消防员，给孩子"灭火"，然后再找合适的时机了解事情的经过，给予孩子恰到好处的点拨。这样，孩子才能学会思考，学会控制自己的情绪。

内向型孩子：你是那把"金钥匙"

很多孩子非常爱说话，小嘴巴总是吧嗒吧嗒说个不停。对于这样的孩子，爸爸妈妈几乎无须引导，他们就会主动地把在学校里发生的事情以及自己的喜怒哀乐告诉爸爸妈妈。相比之下，那些内向的孩子则是金口难开。他们总是保持沉默，虽然心里波涛汹涌，表面上却波澜不惊。有的时候，即使爸爸妈妈耐心地询问他们在学校里发生的事情和有趣的见闻，他们也不愿意倾诉。如果你有一个外向的孩子，你一定会因为他的喋喋不休感到厌烦，殊不知，那些内向孩子的爸爸妈妈，是多么希望孩子也能打开心扉，把心里话全都说出来啊！

孩子为什么内向、不爱表达呢？原因是多种多样的。性格内向的孩子对于生活和外界的一切，也有自己的感悟，也有很多想法。他们之所以不想说，或者是生活环境导致的自卑，或者是害羞，或者是不自信，或者是倾诉得不到理解和回应。日久天长，就会让孩子变得更加自闭，不愿意表达。对于内心深处的汹涌澎湃，他们用沉默来掩饰。这样的孩子其实是一座宝藏，如果爸爸妈妈能够找准时机，帮助他们打开心扉，他们一定会滔滔不绝地表达自己的内心。也许，到时候会把爸爸妈妈吓一跳：原来我的孩子是个演说家啊！

默默是个沉默的孩子，就像他的名字一样，很少说话，总是默不作声。看到郁郁寡欢的默默，妈妈很担心。怎样才能让孩子高兴起来呢？怎样才能让孩子变成叽叽喳喳的小麻雀呢？妈妈宁愿他聒噪一些，也不愿意他一声不吭。

一个偶然的机会，学过儿童心理学的小姨来默默家做客。看到默默一语不发地在玩玩具，小姨坐到默默身边，想和默默一起玩耍。刚开始时，默默很抵触，不想和小姨一起玩。不过，小姨很有耐心，一直陪伴在默默身边。当默默搭积木遇到困难时，小姨帮助他一起解决了难题，默默不再那么抵触小姨了。在小姨的引导下，默默搭建出很多不同的积木形状，他高兴极了。小姨问他："默默，你喜欢玩积木吗？"默默点点头，小姨又问："你知道乐高积木吗？"默默的眼睛瞬间有了神采，毫不犹豫地说："当然知道。我们班的嘟嘟就有一套乐高积木，特别酷。他的乐高积木，还能拼出飞机和火车呢……"就这样，小姨和默默足足讨论了一个多小时，话题就是乐高积木。看到默默神采飞扬的样子，妈妈简直觉得难以置信。

吃饭时，妈妈问乐乐吃不吃鱼，默默又不愿意说话了。妈妈问了两遍，默默都没有做出应答，妈妈不耐烦地说："你这个孩子，怎么跟个哑巴似的，吃就说吃，不吃就说不吃，半天不吭声。"看到妈妈的态度这么厌烦，小姨赶紧使了个眼色制止妈妈。她柔声问默默："默默，你想变得更聪明吗？"默默又点点头，小姨说："你知道吗？吃鱼能使人变得更加聪明，尤其是小朋友，吃鱼一定会变得聪明。"默默赶紧对妈妈说："妈妈，我要吃鱼。"

吃完饭之后，妈妈向小姨请教是如何和默默交流的，小姨批评妈妈："姐姐，不是我说你，你看你都对孩子说了什么话啊，什么哑巴！孩子小，思维很慢，你要给他时间想一想是否吃鱼。尤其是默默比较内向，你更应该有耐心。你这么一句小哑巴，对孩子的影响是很大的，你让他变得很自卑。只要你有耐心对待默默，帮助他树立自信心，我想他一定会喜欢交流的。"

在小姨的教导下，妈妈改变了一直以来的急脾气，给予默默足够的耐心。果然，默默越来越喜欢和妈妈聊天，思维也变得更加敏捷了。

孩子的思维就像是静水流深，非常缓慢。尤其是在幼儿时期，孩子常常发呆，就是因为他们正处于自己的世界里，独自思考。对于性格内向的孩子，爸爸妈妈一定要给予足够的耐心，让他们思考然后再表达。很多妈妈和事例中的默默妈妈一样，是个急脾气，一旦看到孩子反应迟缓，就马上口不择言地说些伤害孩子心灵的话，这对于孩子的成长发育是很不好的。

其实，每种性格都有长处和短处，并没有哪一种性格绝对好，也没有哪一种性格绝对不好。爸爸妈妈们，如果你们的孩子也很内向，那么千万不要随意打击孩子，否则就会导致他们更加自卑内向。爸爸妈妈只有帮助孩子树立自信心，以欣赏和爱的眼光看待孩子，才能打开孩子的心门，让孩子乐于表达。这样一来，不但孩子的内向性格会渐渐改变，他们也会获得更多的快乐。

根据心理学机构的研究，很多成年人之所以无法融入社会，不能很好地与人交往，最早可以追溯到幼儿时期的内向沉默。也许爸爸妈妈现在多付出一点爱、理解和尊重，帮助孩子学会表达，那么孩子未来的人生之路就会多些阳光，少些阴霾。

活泼开朗"小大人"：多多鼓励是王道

和内向的孩子沟通时，爸爸妈妈必须给予足够的爱、尊重、理解和耐心，而且要小心翼翼，以免孩子的心灵受到伤害，不愿意再打开心门。那么，和外向开朗的孩子打交道，则显得轻松许多。外向开朗的孩子，往往非常活泼，他们有什么就会主动说出来，有需要也会积极表达。最重要的是，他们非常自信，不管是在家里和爸爸妈妈相处，还是在学校和老师同学相处，都是招人喜爱的。对于这样的孩子，爸爸妈妈无须煞费苦心地斟酌其言谈举止，而只需要多多鼓励他们，他们就会更加乐观积极地应对一切。

对于这样精力充沛、积极乐观的孩子，爸爸妈妈一定不要轻易打击他们。要知道，孩子形成良好的性格是漫长的过程，积极自信的心态也是非常难得的。一旦受到打击，他们幼小的心灵就会受到伤害。当然，适当地对孩子的热情降温是完全可行的，这样他们才不会盲目骄傲。鼓励孩子的时候还需要注意，不要过于空泛，而应该切实说出孩子值得赞许的地方，这样才能起到事半功倍的效果。

浩宇六岁了，他非常活泼，从来不认生，即使在陌生人中间，也从容自如，就像在爸爸妈妈面前那么随意。浩宇人缘非常好，不但在学校里有很多好朋友，且深得老师喜爱，即使是在外玩耍时，也依然会主动和其他小朋友搭讪，甚至有时还会和成人聊天，聊得非常开心。

看到浩宇总是自来熟，爸爸妈妈既高兴，又有点儿担心。毕竟，现代社会有很多居心叵测的坏人，如果浩宇遇到坏人，就糟糕了。

有一次，爸爸妈妈和浩宇一起去超市购物。妈妈选购牛奶时，爸爸陪着浩宇站在一边等待，浩宇居然和旁边负责推销冰淇淋的姐姐聊开了，那个姐姐还主动送了一个冰淇淋给他。浩宇高兴极了，赶紧向妈妈展示自己的冰淇淋。妈妈不由得对浩宇强大的搭讪能力心悦诚服，但是嘴上却说："你怎么能随便吃别人的东西呢？如果遇到坏人怎么办？"浩宇有些不高兴，撅着小嘴说："姐姐不是坏人，她是专门负责推销冰淇淋的。"妈妈又说："好人坏人又不会写在脑门上，你怎么能分辨出好人坏人呢？况且，坏人也是会伪装的。"看到浩宇失落的样子，爸爸赶紧打圆场："没关系，浩宇有爸爸陪着呢，对吧！"浩宇点点头，妈妈也觉得自己的语气过于严厉了，便降低语调，说："宝贝，如果爸爸妈妈不在场，没有经过爸爸妈妈的同意，你可不能吃别人给的东西啊！因为，现在有很多坏人就会给小朋友好吃的，引诱小朋友上当受骗。"浩宇疑惑地问："妈妈，坏人那么坏，为什么还会给小朋友好吃的呢？"妈妈耐心地解释说："如果坏人刚刚出现就打骂小朋友，小朋友还会跟他走吗？只有骗得小朋友高兴，坏人才能得逞啊！"浩宇陷入了沉思。

后来，妈妈带着浩宇一起上班，不管妈妈的同事怎么逗浩宇，浩宇都一声不吭。妈妈问："宝贝，你为什么不回答叔叔阿姨的话啊？"浩宇无辜地说："因为我不能和陌生人说话啊！"妈妈笑着说："叔叔阿姨不是陌生人，他们是妈妈的同事。我知道，浩宇是非常擅长和别人聊天的，不管是小朋友，还是大朋友，也都喜欢和浩宇聊天。妈妈觉得，浩宇长大以后说不定可以成为外交家呢！"听到妈妈鼓励的话，浩宇才恢复常态，很快就凭着三寸不烂之舌，和叔叔阿姨们聊得火热啦！

　　在这个事例中，妈妈既要告诉浩宇不能和陌生人说话，不能吃陌生人给的东西，又要保护浩宇积极和他人交往的热情，让浩宇保持活泼开朗的本色，的确有一定的难度。因为孩子年纪还小，很多事情都不能准确地区分。所以，爸爸妈妈在教育孩子的时候，一定要就事论事，让孩子明确具体的事情怎么做就好。

　　对于活泼开朗的孩子，爸爸妈妈应该帮助他们保持这种良好的性格。要知道，现代社会中人际关系也是非常重要的，如果一个孩子总是故步自封，从来不愿意和身边的人交流，那么他未来的生活一定会因此而受到极大困扰。不管什么时候，多多鼓励孩子，让孩子变得更加优秀，总是没错的！

敏感的孩子：柔声细气打开其心扉

在《红楼梦》中，贾宝玉不喜欢精明干练的薛宝钗，却偏偏喜欢多愁善感的林黛玉。可怜的黛玉寄人篱下，心思敏感细腻，常常独自忧伤，最终香消玉殒，一命归西。分析林黛玉的一生，她就是因为体质柔弱，多愁善感，而又不喜欢表达自己的心绪，郁结于心，所以才一生短暂。有些孩子也会出现像林黛玉这样敏感忧郁的气质。对于这样的孩子，如何引导他，如何帮他解开心结，变得乐观开朗一些呢？孩子的可塑性非常强，如果能够给他创造愉悦的环境，以温柔和理解打开他的心扉，让他乐于倾诉，那么他一定会少一些烦恼，多一些快乐，性格也会渐渐开朗起来。

敏感的孩子有哪些特征呢？他们非常多疑，希望自己得到足够的重视。例如，对于老师偏爱学习好的学生，有些孩子根本毫无知觉，有些孩子却反映强烈：老师为什么总是偏向他，不就是因为他学习好吗？如此长久以往，老师并不会改变，孩子却因为多疑变得郁郁寡欢。再如，当与好朋友在一起玩耍时，敏感的孩子总是猜疑：思雨今天为什么没和我说话呢，是不是我什么时候得罪他啦？这样的忧思只会让孩子非常苦恼。

其实，敏感和孩子的成长阶段也是息息相关的。在小学阶段，孩子的自我意识增强，因而更加在意外界对他的关注度和认可度。然而，他们对事物还不能做到客观地评价，因而很容易钻牛角尖。对于天生敏感的孩子，爸爸妈妈一定要多多关注，并且及时疏导他们的情绪，让他们保持心境愉悦。当然，因为他们非常敏感，爸爸妈妈在与其交流的时候必须注意方式，不但语气要舒缓，措辞也要经过斟酌。只要陪伴孩子度过敏感阶段，帮助孩子变得更加宽容大度，更加心胸开阔，孩子的性格就会越来越好，不再那么敏感忧郁。当然，爸爸妈妈也可以在日常生活中经常带孩子去很多地方旅行，一路上走走看看，增加孩子的社会经验，增强孩子的分析力和判断力，帮助孩子尽早拥有清晰理智的思维。

　　这天放学，小雪看起来愁眉不展的。妈妈知道小雪心事重，有事情喜欢闷在心里。因此，刚刚吃完晚饭，妈妈就走进小雪的房间，想与小雪好好聊聊。妈妈给小雪端来一盘橙子，这是小雪最爱吃的。妈妈问小雪："小雪，你今天看起来不太高兴，在学校发生什么事情了吗？"小雪看着妈妈，欲言又止，说："没什么事。"妈妈继续说道："人家都说女儿是妈妈的贴心小棉袄，其实，女儿也应该把妈妈当成自己的贴心小棉袄。不管是高兴还是不高兴的事，妈妈肯定都是最想和女儿分享的。"看到妈妈的态度这么真诚，小雪这才打开了话匣子。她烦恼地说："妈妈，我和珍珍是好朋友。但是，最近珍珍总是和蕊蕊一起玩，连上学放学都不和我一起走了。"妈妈惊讶地说："哦，是吗？那你知道珍珍的想法吗？"小雪说："她想让我们三个一起玩，但是我喜欢和她手挽手走路，三个人怎么能挽着并排走呢？"妈妈知道了小雪的心思，说："小雪，其实妈妈上学的时候也有一个闺蜜，我们每天都手挽手上学放学，好得就像是一个人。不过，后来妈妈就觉得两个人在一起玩太没意思了，还是人多更热闹。你有没有想过你们三个人可以一起玩呢？"小雪皱着眉头说："三个人有什么好玩的呢？总会顾此失彼。"

　　看到小雪苦恼的样子，妈妈想了想，说："我有一个好主意，既然现在珍珍想三个人一起玩，你不妨也试一试。如果觉得实在玩不到一起去，那么你就再找一个手挽手的好朋友，而把珍珍当成普通朋友。我想，三个人在一起玩，怎么也比你现在一个人孤孤单单的好吧！"小雪说："也只能这样了，我先试试吧！"妈妈笑着说："我相信，我的小雪这么冰雪聪明，一定能找到和好朋友的相处之道！"

小雪当然不能要求珍珍只和她一个人是朋友，因为每个人都有权利结交很多的朋友。不过，妈妈没有批评敏感的小雪，而是引导她和珍珍、蕊蕊一起玩。妈妈相信，只要小雪亲身体验，一定会发现更多朋友的乐趣。

现实生活中，爸爸妈妈们是不是常常为如何与敏感的孩子交流而烦恼呢？其实，要想走进孩子的心里也很容易，那就是先要接纳孩子。就如上述事例中，如果妈妈听说小雪烦恼的理由后，劈头盖脸地批评小雪太自私，不能容忍其他朋友，那么小雪一定会更加伤心难过。在成长的过程中，每个孩子都会遇到很多想不开的事情，这是因为孩子们的心智还未完全发育成熟。爸爸妈妈只有打开孩子的心扉，了解孩子的苦恼，才能更好地引导孩子，让孩子变得心胸开阔，不再被敏感忧郁所纠缠。

脆弱的孩子：锻炼其心理承受力

即使现在独生子女政策放开了，但是迫于生活的压力，很多人家依然决定只要一个孩子。当爷爷奶奶、姥姥姥爷和爸爸妈妈六个人一起看守一个孩子时，这个孩子想不被宠坏也很难。孩子们从一出生开始，就被家人团团围绕，冷了怕冻着，热了怕热着，需要的一切早就一应俱全，根本没有机会感受饥饿和寒冷。虽然不是锦衣玉食，也是丰衣足食。

再说说如今孩子们的求学过程吧。在几十年前的农村，孩子们要想进入好的学校读书学习，必须非常努力，考出高分。现在呢，孩子还在妈妈肚子里的时候，爸爸妈妈就已经不遗余力地买好了学区房，从幼儿园到高中，只等着孩子按部就班，在爸爸妈妈铺好的路上勇往直前。

在日常生活中，孩子们也从未感受到和兄弟姐妹之间的纷争。不管是有什么好吃的还是好玩的，家人都会毫不迟疑地留给孩子。因此，孩子尽可以吃好穿好，无忧无虑地成长。如此一帆风顺的成长过程，导致现在的孩子们心理承受能力非常脆弱。很多孩子连最基本的失败都承受不起，甚至在学校没有被评为"三好学生"，父母也会和老师沟通，能不能给孩子发一张奖状。

不得不说，泡在蜜罐里长大的孩子太脆弱了。对于这样的孩子，在教养过程中，爸爸妈妈一定要注意锻炼他们的心理承受能力。归根结底，爸爸妈妈不可能陪伴孩子一辈子，当孩子长大成人走入社会，还有谁会宠爱呵护他们呢？只有锻炼孩子的心理承受能力，他们才能在未来的人生路上正确面对挫折和灾难，才能撑得起属于自己的一片天地！

放学回到家，鑫鑫一看到妈妈就高兴地汇报："妈妈，我被评选为我们班的代表，参加学校的国学知识竞赛啦！""真的？那可太好了，鑫鑫太棒了！"妈妈赶紧表示祝贺，接着又说，"鑫鑫，妈妈相信，这都是你平日里勤奋学习国学知识的成果。"鑫鑫笑着说："是啊，老师在班里进行选拔，很多同学都不知道答案，我都知道呢！""还有谁被评选为班级代表参赛呢？"妈妈问。鑫鑫说："还有小宇和琪琪。""嗯，那么，你们三个人就是一个团队喽，你们必须互相帮助和配合，才能一起为班级争光！"鑫鑫放下书包，又拿起国学的书开始阅读。

一个星期之后，国学竞赛如期举行。妈妈原本期待着鑫鑫的好消息，不想，鑫鑫放学时却满脸泪痕。妈妈问："鑫鑫，你怎么了？"鑫鑫委屈地说："妈妈，国学比赛我们只得了第二名，都怪小宇，把一个问题回答错了，本来我们能得第一名呢！"妈妈详细询问了当时的情形。原来，小宇抢答一个题目错误了，非但没得分，还被扣掉了一分。妈妈安慰鑫鑫："没关系啊，第二名也不错呢！虽然大家都想得第一名，但是第一名毕竟只有一个！"鑫鑫眼里含着泪水，说："我向老师保证第一名呢！都怪小宇，要不是他出错，也不会这样！"看到鑫鑫一直在埋怨小宇，妈妈蹲下来，看着鑫鑫的眼睛，说："鑫鑫，小宇是你的好伙伴，你们要集中力量才能取胜。如果你出现失误，小宇不停地责备你，你也会伤心吧，毕竟谁也不想出错。"听了妈妈的话，鑫鑫想了很久。

晚上爸爸下班回来，鑫鑫把比赛的经过又讲了一遍，依然为没得第一名而万分遗憾。爸爸语重心长地说："鑫鑫，人生会有很多场比赛，你不可能次次都得第一名。你记住，不管是比赛也好，还是考试也好，你只要尽力而为就够了。过程比结果更重要知道吗？没有人能永远得第一！你可以继续熟读国学书籍，明年还会举行比赛的呀！"

"没有人能永远得第一……"鑫鑫喃喃自语，然后问："爸爸，我考试不得第一名您会生气吗？"爸爸说："当然不会。只要你尽力复习，认真考试，不管你考多少分，爸爸都为你骄傲。"这时，鑫鑫才破涕为笑。后来，爸爸妈妈意识到鑫鑫的心理承受能力太弱，特意利用周末带鑫鑫去参加一些竞赛类的游戏项目。时间久了，鑫鑫也就习惯了有输有赢的比赛，不再因为比赛结果耿耿于怀了。

每一个参加比赛的选手，都希望自己能够获得第一名的好成绩。然而，正如鑫鑫爸爸说的，没有人能够永远得第一。人生不正是如此吗？有输有赢，有得意有失意，有胜有负，有坦途也有坎坷。为了帮助孩子长大之后更好地面对生活的压力，爸爸妈妈应该从小就培养孩子的抗挫折能力。只有心理强大的孩子，才是真正的强大，才能拥有强大的人生。

如何锻炼孩子的心理承受力呢？首先，不要处处顺着孩子。如果孩子习惯了不管什么事情都要顺着他的心意，那么一旦事不如意，他就会倍受打击。其次，让孩子跌倒了再爬起来。很多爸爸妈妈爱孩子心切，尤其是隔代的老人，一看到孩子摔倒了就赶紧去抱，去扶。其实，孩子完全有能力自己爬起来。只有让孩子学会跌倒了爬起来，孩子才会变得更加勇敢坚强。最后，让孩子学会接受失败。失败并非是不堪一提的，失败是成功之母，失败可以帮助孩子积累经验，找出问题，再接再厉。失败并不可耻，失败之后能够继续奋斗，才是值得骄傲的。爸爸妈妈千万不要给孩子灌输只能成功不能失败的思想，他们稚嫩的心灵还不能很好地协调成功与失败的关系。总而言之，孩子必须经历挫折，才能成长；必须接受失败，才能从失败中崛起，最终获得成功。

自卑的孩子：帮助他扬起信心

在生活中，有些人的信心就像是被风涨满的风帆，足以让人生扬帆起航；有些人却始终缺乏信心，不管做什么事情都没有底气。这样的两种人，人生一定截然不同。明智的父母会在孩子年幼的时候，就留心培养孩子的自信心，因为他们知道这对孩子的一生都至关重要。

自卑的孩子在生活中有哪些表现呢？眼神躲闪；说话不能一气呵成，总是要思虑再三；缺乏安全感；谨小慎微……随着年龄的增长，如果这些负面的品质不能得到改善，孩子的人生也会因此而黯淡无光。孩子为什么会自卑呢？很多情况下，孩子自卑是因为家庭环境导致的。有位名人曾说，爸爸给孩子最好的礼物，就是爱他的妈妈。很多夫妻结婚之后因为种种原因，每天争吵不断，即使当着孩子的面也毫不避讳地破口大骂，大打出手。试想，在这种家庭环境中成长的孩子，怎么可能有自信呢？作为他赖以生存的家，都如此破裂，他当然没有勇气去面对外面的世界。还有些孩子是因为身体的条件感到自卑，例如有些女孩因为长痘痘自卑；有些男孩因为身高太矮自卑；还有些身体残疾的孩子，更加自卑。不管孩子出于哪些原因自卑，爸爸妈妈都应该给予足够的重视。因为自卑不但让孩子失去阳光灿烂的童年，也会使他们的人生畏缩不前。

爸爸妈妈要想帮助孩子消除自卑心理，首先要给孩子一个温暖和睦的家庭。试想，当孩子还那么小的时候，他只能依附于爸爸妈妈生活，家几乎就是他的全部。如果家不能给他安全感，他怎么可能不自卑呢？不管是夫妻吵闹，还是家庭其他的原因导致的争吵，都不应该给孩子的心里留下阴影。对于自卑的孩子，爸爸妈妈一定不要再打击否定。即使他们哪里做错了，在批评指正时也应该先认可，再指出不足之处。孩子本身就不自信，如果再不停地否定，那么，孩子的自卑心理将会更加严重。

有心的爸爸妈妈一定会发现孩子的优点和长处。很多时候，孩子们之所以自卑就是觉得自己处处不如别人，如果能够发现他的优点，并且为他创造机会把优点发扬光大，那么他整个人都会变得信心满满，自然在其他方面的表现也会有所改观。

萌萌是个自卑的女孩。她的爸爸妈妈离异了，萌萌跟随妈妈一起生活。每当开家长会的时候，萌萌多么希望爸爸能参加一次啊！眼看着新学期又要召开家长会了，萌萌早早地就开始发愁。别的同学都是爸爸妈妈一起参加家长会，但是她只有妈妈。妈妈似乎看出了萌萌的心思，提前和爸爸联系，让爸爸安排时间来参加家长会，爸爸当时就应允了。当萌萌看到爸爸出现在教室门口时，简直欣喜若狂，她不停地告诉身边的同学："我爸爸来了，我爸爸也来参加家长会了！"

在小学中低年级，李刚一直都是一个不折不扣的差生。他很小就失去父母，是跟随爷爷奶奶一起长大的。对此，老师们都习以为常了，不愿意再管教他。进入五年级之后，张老师当他们的班主任。看到李刚的档案，张老师不由得紧皱眉头：这个孩子怎么这么放任呢？世界上真的有这么差劲的孩子吗？在和同学们见面之后，张老师最先记住的是李刚。

开学一个多月了，经过一番观察，张老师发现了李刚的一个优点：

他身强体壮，每次打扫卫生都抢着干脏活累活。由此，班干部选举正式拉开帷幕。这次选举有两种提名方式，一种是自己主动竞选，一种是由老师提名然后同学投票。让李刚万万没想到的是，张老师居然提名他当劳动委员。要知道，劳动委员是很重要的班干部，是老师的左膀右臂。他用难以置信的眼神看着老师，老师坚定不移地说："李刚，开始准备竞选演讲稿吧，老师相信劳动委员非你莫属！"

经过三天的准备，竞选正式开始了。很多同学上去讲台都是敷衍了事，竞选演讲只有短短几句话。轮到李刚了，老师满含期待地看着他。果然，李刚就像是变了一个人：一本正经，全力以赴。后来老师才知道，李刚自己写完演讲稿之后，还特意请班级里文笔最好的楠楠帮助他修改润色演讲稿呢！李刚演讲结束，同学们都像刚刚认识他一样，给予他热烈的掌声。

自从李刚上任劳动委员之后，班级几乎包揽了卫生流动红旗。张老师几次当着全班同学的面表扬李刚，奇迹出现了，向来不写作业的李刚居然一笔一画地完成作业，还得到了"优"。一年之后，李刚的成绩一跃成为班级中等排名，再也不会不及格了。

在第一个事例中，萌萌非常敏感。因为爸爸不能参加家长会，她变得很自卑。幸好，开明的妈妈主动邀请爸爸来参加家长会，圆了萌萌的梦想。家庭带给孩子的影响是非常大的，这一点爸爸妈妈尤其需要注意。

在第二个事例中，李刚从小就和爷爷奶奶一起生活，非常自卑，因而破罐子破摔。幸好，张老师发现了他的优点，并且让他担任劳动委员，持续放大他的优点，不断给予他鼓励和表扬，最终帮助李刚再次树立信心，学习上也取得了突飞猛进的进步。

爸爸妈妈们，每个孩子都是敏感的天使，他们生而长着翅膀。要想让孩子飞翔，就要给他爱的土壤，让他摆脱沉重的自卑，随着自信的风帆扬帆起航！

高傲的孩子：鼓励只可偶尔为之

　　虽然自信很重要，但是如果过度自信，不能正确认知和客观评价自己，自信就会变成自负，甚至变成高傲。生活中，我们常常会看到高傲的孩子。他们不愿意承认自己的错误，不管什么事情都觉得只有他才是对的。长此以往，他们必然无法认清楚自己，盲目自信，甚至因此而犯下错误。

　　不管是成人还是孩子，都应该对自己有清醒的认识。这个世界上没有绝对完美的、不会犯错误的人。每个人都有缺点，都会有犯错的时候。只有时刻保持自省，努力扬长避短，才能让自己的人生更加顺遂。

　　对于高傲的孩子，鼓励只可偶尔为之，因为过多的鼓励会加剧他们的盲目自信。爸爸妈妈首先要做的，就是帮助孩子分析他的优点和缺点，尤其要深度剖析缺点，让孩子认识到他们也是有不足的。唯有如此，他们才不会犯"骄傲"的错误，才能取长补短，更好地发展。对于自信心爆棚的孩子，有的时候也可酌情打击或者是批评，浇灭他们盲目自信的火焰，让他们恢复清醒和理智。总而言之，一个孩子只有正确认知、客观评价自己、准确定位发展，才能在未来的日子里，拥有成功的人生。

　　豆豆上一年级了，成了不折不扣的"小豆包"。他还那么小，每天背着书包，牵着妈妈的手去学校。刚开始时，妈妈还担心豆豆不适应学校的生活，然而，很快妈妈就放心了。原来，豆豆认识很多字，是班级里认字最多的一个，每次考试都是第一名。不过，妈妈同时也发现豆豆骄傲了，而且因为骄傲变得很高傲，瞧不起其他同学。

有一次考完试，豆豆骄傲地告诉妈妈："妈妈，我是全班唯一考试时不用读题的。""读题，什么意思？"妈妈显然不知道豆豆在说什么。"读题就是读题啊，妈妈您真笨。每次考试，其他同学都不认识题目，他们都是大笨蛋。必须老师为他们读出题目，再解释给他们听，他们才知道怎么做。"豆豆不屑一顾地说，"我从来不用老师读，很快就做完了。"听到豆豆的话，妈妈严肃地说："豆豆，一个一年级的小学生称呼同学是笨蛋，对吗？"豆豆看到妈妈的表情，有所收敛，笑着说："妈妈，我是开玩笑的。"妈妈不依不饶："我觉得这个玩笑一点儿都不好笑。"豆豆意识到妈妈生气了，低头不语。妈妈语重心长地说："豆豆，你的确认识很多字，这是你的优势。不过，其他同学经过一段时间的学习，也会认识很多字的。他们虽然认字没你多，是不是也有的地方会比你更优秀呢？我希望你好好想一想。"豆豆沉思很久，说："张子萱的英语很好，他都能用英语和老师对话；小米的数学很好，老师每次出题，他都能全对……"妈妈看到豆豆那么认真地思考，高兴地说："对呀，你看看，张子萱和小米都有比你优秀的地方，我想，其他小朋友肯定也有优点。虽然你现在认识字很多，但是不能骄傲，更不能因此瞧不起其他小朋友。要知道，你们每个人都在学习和进步，你也只有继续努力，才能保持优势呢，对不对？"豆豆重重地点了点头，说："妈妈，我要认识更多的字，也要努力学习数学和英语。"妈妈抚摸着豆豆的头，笑了。

刚刚进入一年级，很多孩子因为前期家庭教育或者学前教育的侧重点不一样，或多或少会占据一些优势。这些优势，让孩子学习更加轻松，当然也会在不知不觉间让孩子变得骄傲。豆豆就因为认字多变得骄傲，甚至是很高傲地谈论同学。幸好，妈妈敏锐地意识到豆豆的变化，及时纠正豆豆的思想，让豆豆认识到每个人都有优点和缺点，应该继续努力才能保持优势，也应该取长补短努力进步。

孩子骄傲是很正常的表现，其实，成人也常常会因为占据优势而变得骄傲。只要理智地分析孩子的优缺点，让孩子意识到自己既有长处，也有短处，孩子就能正确地认识自己，也能客观地评价他人。对于高傲的孩子，只要找出他们高傲的原因，让他们端正态度，就可将其改变。

第三章

心平气和，让倾听一路畅通

从某种程度上来说，倾听是人际交流的第一步。试想，如果不能做到很好的倾听，如何让别人敞开心扉向你诉说呢？如果不能用心倾听，又如何能更加深刻地了解他人？其实，亲子之间的关系也是人际关系的一种，同样需要多多倾听。遗憾的是，在现实生活中，很多父母都把孩子作为自己的附属品，根本不关注孩子的内心世界，导致亲子沟通不顺畅。父母要想更加了解孩子，一定要尊重孩子，平等地对待孩子，心平气和地听孩子诉说。

心平气和，打开倾听之门

上班族家长的早晨生活是忙乱的，尤其是妈妈。早早起床之后首先要做好早餐，然后再叫醒孩子穿衣洗漱，等到孩子吃完饭之后，再送孩子去学校。在此期间，妈妈还要把自己也收拾好，送完孩子之后就赶紧奔赴工作单位。下班之后呢，其实也不比早晨清闲多少。赶紧接孩子放学，然后买菜做饭，辅导孩子写作业。这样的生活日复一日，年复一年，妈妈难免会觉得辛苦劳累。渐渐地，妈妈的脾气也会越来越暴躁，一旦孩子给她惹出额外的麻烦，她就会情不自禁地提高声调，甚至抱怨连天。

站在妈妈的角度来想，我们当然能理解妈妈的忙碌和烦躁。然而，哪个孩子不闯祸呢？孩子成长的过程似乎就是一次又一次犯错的过程，这就注定了爸爸妈妈在抚育孩子成长的过程中，必须接受和处理孩子不停出现的各种状况。在妈妈的歇斯底里中，亲子沟通似乎遇到了障碍，孩子再也不愿意表达自己内心的真实想法了。看到孩子的沉默，敏感的妈妈马上就会意识到孩子出现问题，不再依赖和信任妈妈。这时，妈妈未免着急和担忧起来。

有人说，养育孩子是一场修行，这句话简直太有道理了。养育孩子的确是一场修行，帮助我们放缓生活的脚步，等一等贪玩的孩子。如何才能让妈妈心平气和呢？妈妈只有发自内心地爱和接受孩子的一切，才不会有怨言。养育孩子不但是一场修行，也是上帝赐予妈妈的最大乐趣。孩子的确会犯错，然而，他也让我们反思自身，变得更加完美。

当孩子不愿意倾诉时，爸爸妈妈首先要做的就是心平气和。实际上，孩子看起来很小，心里却很有想法。如果能静下心来听听孩子是怎么说的，了解孩子的想法，爸爸妈妈往往会发现自己误解孩子了，一切原本可以更加和谐融洽。

宇宇8岁，妹妹2岁，他们之间总是发生各种各样的冲突，很难高高兴兴地在一起玩耍超过半个小时。每当听到妹妹的哭声，妈妈总是冲过去，问宇宇发生了什么事情。宇宇开始耐心地叙说事件的发生经过，当然，目的是洗清自己：妹妹的哭泣和我没有任何关系。然而，妈妈听了几分钟就不耐烦了，总是对喋喋不休的宇宇说："好吧，别说了，我不想再听到小妹妹哭。"如此几次之后，妈妈再听到妹妹哭，几乎连问也不问，就直接对宇宇说："你又怎么惹到小妹妹了？别让她哭！我在忙着呢！"就这样，宇宇渐渐变得沉默，也不愿意再和妹妹玩耍。

一天，妈妈看到宇宇闷闷不乐地坐在那里，问："宇宇，你怎么了？"宇宇厌烦地说："怎么都无所谓，反正你们也不在乎我！"说着，他居然哭了起来。妈妈感到问题很严重，因此和宇宇聊了很长时间。情绪爆发的宇宇，这才一股脑地把自己的心里话说出来。原来，他觉得妈妈不爱自己，而且也根本不在乎自己的想法。妈妈当然不能说自己因为太忙，所以无暇顾及他们，妈妈决定从现在开始学会倾听。

当又一次听到妹妹的哭声时，妈妈没有像以往一样劈头盖脸地说宇宇。她安抚好妹妹，很耐心地听宇宇诉说。然而，听着听着，她忍不住又想发脾气，因为宇宇的叙述实在太冗长，而且明明是他把小妹妹惹哭的，他却一直在为自己开脱。想到自己的初衷，妈妈忍住怒火，一直面带微笑听完宇宇的叙述。

如此坚持几次之后，妈妈发现自己在倾听的时候没有那么容易生气了，而且宇宇的情绪也变好了。让她惊讶的是，随着她学会倾听，宇宇在倾诉之后居然和妹妹的关系变得更加融洽，这也许是妈妈的爱和关注让他更加包容妹妹。

在这个事例中，妈妈每次都不听宇宇诉说，因此宇宇变得越来越暴躁，甚至和妹妹的关系也更加恶劣。当妈妈意识到问题之后，决定改变沟通方式，用心倾听宇宇。幸好，这个方法非常奏效，宇宇的情绪越来越平静。让妈妈惊喜万分的是，因为妈妈的用心倾听，宇宇居然更加包容妹妹，兄妹关系也更和谐融洽。这就说明，宇宇需要的是妈妈的爱和关注，以及妈妈用心地听他诉说委屈。

在生活中，很多爸爸妈妈都会发现孩子有时候情绪反复无常，而且常常发脾气。其实，这是因为孩子没有得到理解和体谅导致的。在孩子倾诉的时候，爸爸妈妈千万不要说"闭嘴！""都是你的错！""你怎么又做错了呢？""一切都是你导致的！"等话，否则孩子就会关闭心门，不再打开。明智的爸爸妈妈会首先肯定孩子的想法和情绪，对孩子表示理解和体谅，用心倾听孩子讲述的事实，然后再找机会引导孩子。在孩子心里，爸爸妈妈支撑起的家就是他们的整个世界。只有在家里得到爱和关注，他们才会变得宁静祥和。

角色互换——现实版的设身处地

全世界的爸爸妈妈都很爱孩子，每个孩子也都很爱爸爸妈妈，依赖爸爸妈妈，这一点毋庸置疑。然而，在亲子生活中，爸爸妈妈和孩子又常常因为各种各样的事情处于对立面。每当对立发生时，应该如何协调好亲子关系呢？面对孩子的不配合和不理解，爸爸妈妈很委屈，不停地说"我们都是为了你好"；面对爸爸妈妈的反对和严格要求，孩子也很冤枉，再三申诉"我不想要这样的生活，我不想学习那么辛苦劳累"。这一切，都是因为彼此不理解和宽容导致的。即便不停地沟通，很多时候，爸爸妈妈依然无法理解孩子的做法，孩子也不能体谅爸爸妈妈的苦心。其实，当语言不能达到预期效果时，不如尝试着换一种方法。

在成人世界，我们常常说应该设身处地地为他人着想。然而，孩子的心智还没有发育成熟，他们还不能很好地做到设身处地。既然如此，为什么不让他们亲自试一试呢？常言道，百说不如一做。既然"说"不能达到预期的效果，爸爸妈妈们不妨让孩子切身体会当爸爸或者妈妈的辛苦。由此一来，他们一定会感触更深，甚至理解父母的做法。

总体来说，角色互换的操作还是很简单的，既不需要额外的道具，也不需要特意准备，只要把游戏规则告诉孩子即可。所谓角色互换，就是爸爸和孩子颠倒角色，在一天的时间里，由爸爸当孩子，由孩子当爸爸。或者，妈妈和孩子颠倒角色，由妈妈当孩子，由孩子当妈妈。经过一天的实习，孩子们一定能深刻感受到爸爸妈妈工作之余照顾孩子的辛苦，从而理解爸爸妈妈的苦衷。

　　思雨特别喜欢买玩具，汽车和手枪是他的最爱。每到节假日的时候，他总是央求妈妈带他去商场，去玩具店，不买几件玩具就不高兴。随着思雨渐渐长大，不但需要交给幼儿园昂贵的费用，还要报名参加各种兴趣班，妈妈觉得经济压力越来越大。然而，不管妈妈怎么和思雨说，思雨依然雷打不动地每周都要买玩具。这可怎么办呢？很多玩具买回家，思雨只是玩一两个小时，然后就束之高阁，再也不碰一下。看到资源如此浪费，妈妈左思右想，终于想出了一个好办法。

　　又一个周末，爸爸在加班，妈妈和思雨在家。在思雨提出去商场买玩具的要求之前，妈妈抢先对思雨说："思雨，咱们做个小游戏吧！"思雨一听要做游戏，当即答应，不停地说："好啊，好啊，我喜欢做游戏！"妈妈继续解释："这个游戏叫角色互换，也就是说，今天你当妈妈，我当孩子。"思雨一听可以当妈妈，兴奋地问："那我是不是可以管着钱包呢？吃饭的时候想吃什么就点什么，在玩具店里想买什么就买什么。"妈妈点点头，补充道："可以的，不过你不能超出预算，我们今天的预算是200元。""200元？"思雨眼睛直冒光，他可从来没有花过200元呢！因此，他连连点头，暗暗窃喜。

　　思雨像平日里妈妈帮他穿外套一样，帮妈妈穿好外套，锁好门，就领着妈妈出门了。在公交车上，妈妈突然说："我饿了，我想吃包子。"思雨很为难："这在公交车上，哪有卖包子的啊！"他赶紧好言好语地哄妈妈，说等下车就带她去吃包子。好不容易到站，思雨赶紧领着不高兴的妈妈去包子店。思雨点了自己最爱吃的虾仁包子，还给妈妈点了霉干菜猪肉馅的包子。妈妈嫌包子太干了，思雨只得又给妈妈点了一碗紫菜蛋花汤。吃完饭，思雨只剩下150元钱了。带着妈妈一路往商场走去，妈妈还时不时地会去马路牙子上走路，让思雨不停地提醒她："太危险了，快下来！"一路上，思雨说得口干舌燥，妈妈也吵着要吃冰淇淋，思雨只好去冷饮店给妈妈买冰淇淋，给自己买了杯冷饮。思雨紧张地发现，如今自己只剩下120元钱了。

到了商场，妈妈左看看，右看看，选中了一款毛绒玩具。这款玩具要100块钱呢，思雨很心疼钱。他不想买，但是妈妈哼哼唧唧地哭起来。思雨无奈之下，只好给妈妈买了。思雨拿着仅剩的20元钱，准备带妈妈回家，要不然连买公交车票的钱都没了呢！不想，妈妈在一款芭比娃娃面前流连忘返，非要买芭比娃娃。思雨无奈地说："不是已经给你买了毛绒玩具了？为什么还要芭比娃娃呢？"妈妈撒娇说："我还想要芭比娃娃嘛，我就要，我就要！"看到妈妈胡搅蛮缠的样子，思雨生气地说："你这个孩子怎么这么不听话，钱都被你花完了，你还是没完没了！"这时，妈妈在心里忍不住笑起来。不过，她却哭了起来，甚至有想躺在地上打滚的趋势。思雨无计可施，发愁得哭起来，说："妈妈，我不想玩这个游戏了。"妈妈问："为什么呢？"思雨沮丧地说："当妈妈太难了！"妈妈抱着思雨语重心长地说："思雨，你现在理解妈妈为什么不让你买那么多玩具了吗？生活中，花钱的地方太多了，但是挣的钱是有限的。你看看，爸爸周末还在加班，努力挣钱。我想，我们也应该节约一下，该花的钱就花，不该花的钱应该省下来用在有用的地方，你觉得呢？"思雨陷入了沉思之后，很久才抬起头对妈妈说："妈妈，我以后不买玩具了，要留着钱买书。"妈妈笑着说："也不是一件都不买，可以在六一儿童节、生日和春节各买一件，积攒下来的钱买些书籍，增长知识。你觉得如何？"思雨笑着点点头。

在这个事例中，妈妈无论怎么劝说，思雨依然热衷于买玩具，因为他根本没有金钱的消费观念。幸好，妈妈想出角色互换的办法，让思雨认识到钱是很快就会花完的，应该节约用钱，把钱花在有用的地方。这个方法达到了妈妈预期的效果，让思雨认识到妈妈不给他买玩具并非是因为吝啬，而是钱实在不够花。他还主动降低了买玩具的次数，把钱省下来买书看，这个游戏真是让思雨收获颇丰啊！

生活中，很多孩子都像思雨一样只知道花钱，而不知道挣钱的辛苦，更不知道钱是很容易花完的。爸爸妈妈们，你们也不妨使用这个办法，帮助孩子树立正确的金钱观念。当然，其他亲子关系中的难题，也同样可以用角色互换法解决，而且成效立竿见影呢！

不唠叨的好妈妈

女人很爱说话，尤其是当了妈妈之后，由于心中牵挂着孩子，几乎变成了唠叨的代名词。殊不知，孩子虽然小，也会感到厌烦，他们不愿意每天都听妈妈的唠叨。一旦产生抵触和排斥的心理，孩子们就会对妈妈的唠叨产生免疫力，妈妈的唠叨甚至还会起到事与愿违的效果。

那么，如何当一个不唠叨的妈妈呢？常常有人说，妈妈的唠叨是满满的爱。的确，妈妈之所以唠叨，就是因为不放心孩子，担心孩子不能很好地照顾自己，所以才会千叮咛万嘱咐。要想不唠叨，妈妈可以试着这样做：

首先，妈妈应该相信孩子的自理能力。每个孩子都是妈妈的心肝宝贝，从小在妈妈无微不至的照顾中长大。一旦离开妈妈身边，孩子自己可能不会觉得依恋，妈妈却很难适应孩子初次试飞。妈妈最唠叨的时候，无非是孩子第一次独自去上学，孩子第一次独自离家出远门，孩子第一次坐火车去异地，孩子第一次自己做饭，等等。这么多第一次，都牵着妈妈的心。只有当妈妈相信孩子的能力，确信孩子能独自面对一切事情时，妈妈才会不唠叨。

其次，妈妈应该尊重孩子。很多妈妈的唠叨是命令式的，不管孩子做什么，她们都看不顺眼，一定要让孩子按照自己说的那样去做，才能停止唠叨。这样下去，孩子渐渐地就会失去自信，不管做什么，都觉得自己做得不够好。

再次，妈妈也应该意识到唠叨带来的负面作用。刚开始唠叨时，孩子也许能够理解妈妈是因为爱才唠叨。然而，日久天长，孩子就会心生叛逆，只求耳根清净。既然说一遍和说十遍的效果是一样的，妈妈为什么还要唠叨呢？

最后，妈妈应该与孩子好好沟通，把自己的担心告诉孩子，让孩子意识到：只要我做得好，一步到位，妈妈就不会不停地唠叨着提醒我。

雯雯上小学二年级了，每天放学回家后都不想写作业，总是要先打开电视机。为此，每天雯雯一进门，妈妈就开始唠叨："雯雯，要先写作业啊，写完作业才能看电视！""雯雯，写完作业再玩多好，那样心里也不用惦记还有作业没写了！""雯雯，你看看艾雪，每次回家都先写作业，你怎么就不能让我省心呢！"刚开始时，雯雯的确需要妈妈提醒才能控制住看电视的欲望，主动写作业。然而，没过多久，雯雯已经养成了一回家就写作业的习惯，妈妈却依然唠叨。终于有一天，在妈妈又唠叨的时候，雯雯忍不住说："哎呀，烦死了，我不是已经坐在书桌前写作业了嘛，您还唠叨！"看到女儿厌烦的样子，妈妈这才意识到自己说得太多了。后来，妈妈很长时间都没有再唠叨雯雯写作业。

不过，孩子的自制力总是欠缺。看到妈妈不再盯着自己写作业，雯雯又动起了小心思。她每天回家之后，都先坐在书桌前玩会儿手机上的游戏，然后才开始写作业。刚开始，妈妈没发现她玩游戏。后来，妈妈无意间去书房，才看到雯雯并没有在写作业。这次，妈妈既没有生气，也没有唠叨，而是静静地看着雯雯，一语不发。雯雯意识到自己的错误，赶紧收起手机，乖乖地写作业。直到吃晚饭时，妈妈才轻描淡写地说："我可以不唠叨，但是你必须自觉。"雯雯头也不抬地点点头，以后再也没有在完成

作业前玩过手机游戏。

其实，唠叨并非是唯一提醒孩子的方式。在上述事例中，雯雯对妈妈的唠叨不胜其扰，妈妈也意识到自己的错误，及时改正。后来，在发现雯雯又玩手机游戏时，妈妈不再唠叨，而是用和善而坚定的目光和语气提醒雯雯该做什么事情。这远远大于唠叨的力量。

爸爸妈妈们，在教养孩子的过程中，你们是否也常常遇到"批评也不是，沉默也不是"的时候呢？其实，我们不仅仅可以用唠叨提醒孩子，也可以用眼神震慑孩子，还可以以身作则影响孩子。例如，有些爸爸妈妈要求孩子多读课外书，自己却一直在看电视剧。与其唠叨孩子不受电视的影响专心看书，爸爸妈妈不如关掉电视，自己也捧起一本书。教育孩子的方法有很多种，只要有心，你们就一定能找到最合适的那一种！

宽容，是最强的说服力

为了强化教育的效果，爸爸妈妈常常想出各种惩罚和奖励的手段。在谆谆教诲孩子之后，给予孩子一定的惩戒，或者给予孩子很多奖励。当然，这些手段都是必不可少的，毕竟孩子年龄还小，很难接受枯燥乏味的大道理。不过，还有一种教育手段非常神奇，那就是宽容。

顾名思义，宽容，就是以很大的度量包容他人。对于孩子来说，从小到大，爸爸妈妈不知道包容了他多少错误。不过，这里所说的"包容"是有限度的。默默地宽容并不能达到预期的效果。试想，假如孩子犯了错误，爸爸妈妈并不为他指出来，而是当作没发生一样，那么孩子小的时候根本不知道自己犯错，长大了也会因为爸爸妈妈对他的错误无动于衷而变本加厉。从这个意义上来说，默默地宽容不是包容，而是纵容。明智的爸爸妈妈包容孩子，会给孩子指出错误，再以宽容的力量让孩子主动纠正错误。只有做到面面俱到，孩子才能受到教育和感化，从而提升自身。

亨利出生在法国一个普通的家庭。他的爸爸是工人，他的妈妈靠缝补衣服补贴家用。虽然家里很穷，但是亨利家有个很珍贵的花瓶，是祖辈传下来的。妈妈把花瓶小心翼翼地摆放在书架上，每天都仔细地擦拭。

　　有一天，亨利写完作业百无聊赖，便把足球拿出来玩。突然，他一不小心把足球踢到了书架上，花瓶应声掉落，摔碎了。亨利害怕极了，趁着爸爸妈妈不在家，他找出胶水，把花瓶碎片粘贴好，放回原处。

　　妈妈第二天在擦拭花瓶时，发现花瓶碎了。她问家人是否知道花瓶为什么碎了，亨利掩饰地说："也许是夜猫进来了，把花瓶碰坏了。"妈妈知道亨利在撒谎，不过，她没有戳穿亨利的谎言。到了晚上，她把亨利叫进书房，拿出三块糖果奖励给亨利。亨利的眼神躲躲闪闪，不敢直视妈妈。妈妈平心静气地说："亨利，第一块糖奖励给你，因为你的想象力非常丰富，居然能想象出这个世界上有能打开窗户的夜猫。我觉得你以后可以写小说，一定情节离奇，引人入胜。"说着，妈妈又拿出第二块糖放在亨利手里，说："你居然能用胶水把破碎的花瓶粘好，你一定花费了很长时间，而且非常努力。不过，我觉得艺术家应该更能帮助花瓶完好如初，你明天陪我一起去拜访艺术家，请他帮我们修复花瓶吧！"说完，妈妈又拿出第三块糖给亨利，说："亨利，这块糖表示妈妈的歉意。妈妈不应该把珍贵的花瓶放在容易掉落的书架上，尤其是你那么爱踢足球。我希望花瓶掉下来的时候没有伤到你，我的好儿子。"

　　听到妈妈的话，亨利热泪盈眶。他不但向妈妈承认了错误，还主动要求妈妈扣掉他的零花钱，用于修复花瓶。后来，亨利再也没有撒过谎。

　　在发现花瓶被摔碎之后，如果妈妈劈头盖脸地训斥亨利，亨利一定会变得更加叛逆。显然，妈妈非常聪明，知道如何对待叛逆期的男孩。她不但没有批评亨利，还给了亨利三块糖果，表示感谢和自己的歉意。这样的宽容，富有极其强大的力量，让亨利不得不主动检讨自己，改正错误。

　　很多爸爸妈妈的宽容，都是纵容。我们应该向亨利妈妈学习，以宽容的力量帮助孩子主动改正错误，完善自身。每个孩子都有不同的脾气秉性，对待孩子，也应该因材施教，而不要一味地表扬或者批评。

亲子沟通，拒绝先入为主

在这个世界上，自认为最了解孩子的人，一定是他的爸爸妈妈。的确，妈妈辛辛苦苦十月怀胎，用血肉之躯滋养胎儿成长。当婴儿呱呱坠地之后，爸爸妈妈又不辞劳苦地伺候小婴儿的吃喝拉撒，日日夜夜盼望着他快快长大。不但提供给他物质的享受，也要关注他的精神，让他愉悦地享受成长的过程。然而，爸爸妈妈真的了解孩子吗？在养育孩子的过程中，大多数爸爸妈妈都把孩子当成自己的附属品，而很少有爸爸妈妈把孩子视为一个有着独立精神世界的人。蒙特梭利曾经指出，孩子是完全独立的精神个体。但大多数，爸爸妈妈很难把孩子视为独立存在的个体，与孩子之间进行平等的交流。他们无法真正尊重依附于他们生存的孩子，更自以为对孩子有着完全的了解。

在亲子沟通过程中，随着孩子渐渐长大，爸爸妈妈越来越不了解孩子，然而，他们却意识不到这个问题，动辄就会说："你是我养大的，我怎么可能不了解你呢？"在说这句话的时候，就暴露了爸爸妈妈对孩子精神世界的无知。生活中，当孩子犯了错误或者有何需求时，爸爸妈妈总是打着为孩子好的旗号，强迫孩子放弃自己的思想，遵从他们的旨意。当无数爸爸妈妈为亲子沟通不够顺畅而感到烦恼时，其实问题只有一个，即尊重

孩子，不要先入为主。

很多爸爸妈妈都会先入为主，自以为了解孩子的一切。实际上，孩子从降临人世开始，就处于飞速地生长发育过程中。他们不但身体的成长很快，心理也在不断变化。我们不但要以发展的眼光看待孩子，更要跟上孩子成长的脚步，与孩子一起进步。

豆包和菠萝在公园里一起玩，他们的妈妈站在一旁聊天。没玩多久，菠萝突然哭了起来。妈妈们赶过去，发现菠萝紧紧地捂着手。菠萝妈妈紧张地查看菠萝的手，发现手指头有些红肿。菠萝妈妈问："宝贝，你的手指磕到了吗？"菠萝哭着说："不是的，我的手指被豆包咬了。""我没有，我没有，我没有咬菠萝！"豆包赶紧为自己澄清。这时，站在一旁的豆包妈妈不由分说地责怪豆包："你这个孩子，怎么学会咬人了！你前天还咬了爸爸一口，现在居然咬豆包！"听到妈妈的话，豆包委屈地大哭起来，不停地喊："我没有，我没有！"看到豆包委屈的样子，菠萝妈妈赶紧说："豆包，别哭了。阿姨相信你，我相信菠萝会说真话的。"原来，菠萝妈妈仔细查看菠萝的手指之后，发现没有任何牙齿的痕迹。

第二天，两个小朋友都忘记了曾经的不愉快，又在一起高高兴兴地玩耍。菠萝妈妈对豆包妈妈说："豆包妈妈，你得给小豆包道歉。菠萝的手指的确不是他咬的。我问菠萝了，是他不小心在滑梯上别着了，因为豆包和他抢滑梯玩，所以他就诬赖豆包。我已经严厉批评菠萝了，不过，我觉得你上来就指责豆包，也应该给豆包道歉，不然孩子多伤心啊！"听了菠萝妈妈的话，豆包妈妈很惭愧。她说："其实，那天他不小心咬到爸爸，我们已经严厉批评他了。我的确不应该戴着有色眼镜看孩子，我会向他道歉的。"

下午回家之后，豆包妈妈一本正经地对豆包说："宝贝，妈妈错怪你了。虽然你那天不小心咬了爸爸，但是妈妈应该相信你不会再咬人。你原谅妈妈吧，妈妈以后不会再误解你了。"听到妈妈道歉，豆包委屈地哭了起来。他说："妈妈，没关系，每个人都会犯错误。我也不对，如果我那天没有咬爸爸，您也就不会误解我了。"

孩子犯错是很正常的，不能因为孩子犯过一次错，就以为孩子会继续犯同样的错误。事实是，孩子虽然经常犯错，但是也会虚心改正错误。作为爸爸妈妈，一定要相信孩子。当孩子和其他小朋友发生矛盾的时候，一定要等到弄清楚事实真相后，再教育孩子，切勿先入为主。

爸爸妈妈们，你们是否也曾经误解孩子呢？误解孩子之后，你们能够鼓起勇气承认错误吗？虽然豆包妈妈误解豆包是不对的，但是她在意识到自己的错误后，及时诚恳地向豆包道歉，小豆包也自我反省，原谅了妈妈。这样的结局，才是皆大欢喜的结局。很多爸爸妈妈为了维护自己的尊严和权威，明明知道是自己错了，也不愿意向孩子低头认错，这是不可取的。优秀的爸爸妈妈，不会先入为主地看待孩子，一旦发现错了，他们能够勇于承认错误。为了孩子，每个爸爸妈妈都要不断完善自己，提升自己。

别被孩子的行为激怒

曾经有人说，孩子就是天使和魔鬼的化身，有的时候是天使，乖巧可爱；有的时候是魔鬼，把人折磨得快要发狂。的确，能够如此大胆地概括孩子特点的，一定是亲自抚育过孩子的爸爸妈妈。很多人看到孩子那么可爱，愿意逗弄孩子玩一玩，只会觉得孩子是大便。只有亲自抚育过孩子，经历过孩子犯错误、闹脾气等状况的为人父母者，才会对育儿的工作有如此深刻的认识。教育孩子，远远比工作更难。要想把孩子健康地抚养长大，爸爸妈妈必须始终保持学习的状态，提升自己，还要了解孩子在各个不同年龄段的行为和心理特点，才能做到心平气和地陪伴孩子成长。

很多妈妈都说，怀孕的时候觉得辛苦，生下来之后发现比怀孕更辛苦。在孩子婴儿时期觉得辛苦，等到孩子变成会走会说的幼儿，才发现还是婴儿更好抚育。究其原因，孩子随着自身的成长历程，总是不断地给爸爸妈妈出难题，挑战爸爸妈妈的极限。尤其是当孩子进入学前阶段，各种顽劣不堪。又因为有了些许的力量与父母抗衡，他们一旦不如意，就会想出各种招数逼迫爸爸妈妈就范，简直让人无计可施。那么，揍孩子一顿还是骂孩子一顿？现实情况是，作为爸爸妈妈，一旦被孩子激怒，就彻底输了。明智的爸爸妈妈，面对孩子的哭闹，能够理解这是其生长发育的必经阶段，从而保持平静的心态，理性地解决问题。否则，正如一位名人说的，愤怒使人智商降低。盛怒之下的爸爸妈妈，也许会做出让自己追悔莫及的事情。

记得曾经看过一部电影，电影里的妈妈把自己的亲生儿子打死了。这个妈妈是单亲妈妈，年轻时就失去丈夫，一个人含辛茹苦地抚养孩子长大。孩子长大之后，由于妈妈忙着工作，疏忽了他的学习，因此他的学习成绩很差。在一次孩子拿着不及格的成绩单回家时，正在糊火柴盒挣钱的妈妈盛怒之下失去理智，拿起棍子使劲地打孩子的屁股。然而，等到她第二天早晨去喊醒孩子上学时，发现孩子已经没有气息。这样的结局，是所有人都不愿意看到的。这位妈妈的余生是在监狱里思念着儿子度过的。爱到极限，导致恨到极限，这不是真正的爱。真正的爱是包容，无论孩子怎样，父母始终都是他可以依靠的坚实港湾。只有做到并且让孩子相信这一点，孩子才能找到心灵的归属。

萌萌已经放假了，妈妈还在上班，妈妈只好带着萌萌一起上班。今天，恰巧是妈妈单位的新春年会，全单位的同事们都齐聚一堂，总结过去一年的工作收获，展望新的一年。年会之后的自助餐上，萌萌突然想要玩妈妈的手机。妈妈因为在等一个重要客户的电话，因此拒绝了萌萌的请求。萌萌撅着小嘴，生气地坐在那里。一个和妈妈要好的同事看到萌萌不高兴，因此取了一些美味的小点心和水果，去哄萌萌开心。不想，萌萌冲着他大喊："别理我，您真烦人！"萌萌的话，让妈妈觉得很丢脸，她当即让萌萌向叔叔道歉。萌萌不理会妈妈，妈妈坚持让萌萌道歉，萌萌突然大喊："我不要道歉，我又没有做错。我要回家，我不要待在这里！"妈妈被气得脸色铁青，抬手给了萌萌一巴掌。

看到萌萌和妈妈的矛盾瞬间升级，那位叔叔赶紧把萌萌拉到僻静的角落。叔叔问："萌萌，我猜你想要妈妈手机，一定是玩'我的世界'。"萌萌听到"我的世界",马上瞪大两只眼睛,说:"叔叔,您也知道'我的世界'啊!"叔叔笑了,说:"当然,我不但知道,我还很爱玩,是个高手呢!"萌萌赶紧向叔叔求教,叔叔交给她几招,她便拿着叔叔的手机开心地玩起来。后来,叔叔找到妈妈,对妈妈说:"小李,不是我说你啊,你这样对孩子不对。"妈妈还在生气呢,气鼓鼓地说:"她就是被惯坏了,就得狠狠地教育她。"叔叔劝说妈妈:"她毕竟是个小孩子呢!每天和你来上班,肯定觉得很无聊。而且,你不应该被她激怒。你一生气,必然要做出失去理智的事情,对孩子的心理健康很不好。孩子每个年龄段都有不同的诉求,对于她的无理要求,你可以讲道理,千万不要生气。不然,后果就很不好。"这时,妈妈渐渐消气,意识到同事的话很有道理。看到妈妈态度缓和,叔叔又劝说萌萌向妈妈道歉。玩过游戏的萌萌心情很好,不但主动向妈妈道歉,还取东西给妈妈吃呢!

小孩子的情绪反复无常是正常的,而且,他们有些时候根本不能理解成人做事的初衷。比如,妈妈说要等一个重要客户的电话,萌萌就意识不到其中的重要性。直到需求得到满足,她才能冷静下来思考妈妈说的话。

在孩子闹情绪或者不听话的时候,不管孩子使用什么手段,妈妈都应该记住:孩子是弱势群体,他们之所以胡搅蛮缠,恰恰是因为无计可施。想到这一点,妈妈还会和孩子发怒吗?是不是已经能够平心静气?妈妈只有尊重和理解孩子的需求,才能合理满足孩子,从而让孩子变得通情达理。

孩子不听话时不要心急

不听话，这几乎是所有孩子的通病。在这个世界上，没有任何一个正常的孩子会完全都按照爸爸妈妈的旨意行事，因为他们不是玩偶，而是有着独立思想和精神的个体。在孩子小的时候，他们还是非常依赖家长的。不管家长说什么，他们都乐于根据家长说的去做。然而，随着年龄的增长，孩子从一岁长到两岁、三岁……他们的自我意识渐渐觉醒，他们的自主能力也很强，再想让孩子对爸爸妈妈言听计从就很难了。

遇到孩子不听话，爸爸妈妈总是因为气愤变得歇斯底里，甚至对孩子做出过激行为，伤害孩子的身体和心灵。其实，孩子归根结底是弱小势力，不管是拼力气还是拼智力，他们都远远不是爸爸妈妈的对手。他们有错吗？他们只不过是根据本能的需要，想让爸爸妈妈满足他们的欲望。从人的本性角度来说，这是一种本能，是完全符合自然规律的。遗憾的是，知道这个道理的家长少之又少。在日常生活中，无数爸爸妈妈为孩子吃饭挑食、贪玩而气愤不已，殊不知，孩子挑食是因为他们在生理上需要那种食物，至于贪玩，则更是孩子的天性。

当孩子不听话时，爸爸妈妈们应该冷静下来想一想，孩子为什么不听话？他是故意和家长对着干吗？根本不是那样的。他们不听话，是受到

精神和生理发育规律的驱使。大多数人看问题都会从自己的角度出发，根本不能理性分析别人的处境，即使这个别人是自己的孩子。例如，孩子一岁半的时候很喜欢自己吃饭，妈妈却因为孩子自己吃的话，容易把饭撒得到处都是，就剥夺孩子吃饭的权利，非要喂孩子吃饭不可。这个冲突一旦发生，孩子就会拒绝别人喂饭，甚至把碗弄撒，导致妈妈勃然大怒。殊不知，孩子是在捍卫自己吃饭的权利，他们需要自己吃饭。孩子的这种行为，能归结为不听话吗？其实，孩子只是想满足自身的需求。如果多读一些关于孩子生长发育的书，爸爸妈妈们就会明白，孩子的很多行为都是符合生长发育的规律，不容置疑。因此，当孩子从表面看起来不听话时，爸爸妈妈千万不要气急败坏，而要弄清楚孩子表现某种行为的潜藏原因。只有深入了解孩子，爸爸妈妈才能理解孩子的诸多言行，也才能更好地陪伴孩子成长。

　　自从进入三岁半，皮皮就像是变了个孩子。三岁时候的他那么快乐温顺，不管妈妈做什么，他都能够配合妈妈，也非常乖巧听话。然而，三岁半的他突然改变了。原本，他每天早晨非常配合妈妈穿衣服起床，现在却赖在被窝里喊好几遍都不起床，导致每天去幼儿园都迟到，成了不折不扣的迟到大王。

　　老师看到皮皮总是迟到，问妈妈："皮皮最近怎么了？前段时间每天都来得很早，现在总是迟到。"妈妈不好意思地说："我也不知道啊，现在处处和我对着干。我让他穿衣服，他就偏不穿；我让他快点吃饭，他就偏要磨磨蹭蹭。"听了妈妈的描述，老师想了想，说："看来他到了叛逆期。""叛逆期？不是青春期才会叛逆吗？"妈妈不解地问。老师说："三岁半到四岁，也是孩子的叛逆期。这个阶段，他们的自我意识增强，很多时候大人让他们做的事情，他们偏偏不去做。这并非他们不愿意做那件事，而是想不通自己为什么要听大人的。不如，你换一种方式让他穿衣服，不要以命令的口吻。"妈妈琢磨了很久，终于决定采纳老师的意见，换一种方式让皮皮起床、穿衣、洗漱。

这天早晨，皮皮又在赖床，妈妈没有像以往那样催促他快点起床，而是说："皮皮，妈妈一会儿出门要拎两个包，你可以帮我吗？"听说妈妈需要帮忙，皮皮赶紧答应，说："好的，妈妈，没问题。"妈妈为难地说："但是我马上就要出门了，你却还在被窝里。"皮皮一骨碌爬起来，口中念念有词："马上就好，马上就好！"就这样，皮皮只用了几分钟就穿好衣服，主动洗漱、吃饭，为的就是帮妈妈拎包。

看着按时到校的皮皮，妈妈高兴地笑了。

在这个事例中，皮皮到了叛逆期。他不是不想做妈妈说的事情，只是不想按照妈妈所说的去做。意识到这一点之后，妈妈以让皮皮帮忙为理由，让皮皮主动起床，按时到校。帮助妈妈的皮皮，还觉得非常高兴呢！

爸爸妈妈们，你们是否也发现孩子在三四岁时变得非常叛逆呢？其实，孩子并非故意不听话，而是处于这样的心理发育阶段。如果我们能够按照适合孩子心理发育特点的方式与孩子交流，那么他们一定会非常乐意采纳我们的建议，让亲子之间的相处更加愉快、和谐。

第四章
爱和平等，亲子沟通的双行道

很多爸爸妈妈都为无法顺畅地与孩子沟通而烦恼，实际上，沟通的阻碍并不在于孩子，而在于爸爸妈妈的心态。大多数爸爸妈妈都把孩子当成自己的附属品，处处对孩子颐指气使，孩子一旦做错事情，就马上批评孩子。其实，孩子虽然是由爸爸妈妈养育长大的，但却是独立存在的精神个体。爸爸妈妈唯有爱孩子，平等地对待孩子，孩子才会对爸爸妈妈敞开心扉，亲子沟通才会更顺畅。

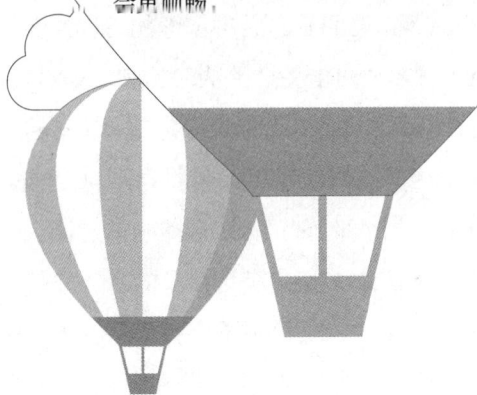

要建议，不要命令

生活中，有多少爸爸妈妈能以建议的口吻给孩子提出相关的意见？大多数爸爸妈妈在平日里口口声声说不干涉孩子，一旦发生重大的事情需要做出抉择，马上就会独揽大权，逼迫孩子听从他们的旨意。然而，孩子已经渐渐长大，不是人人摆布的玩偶。他们有自己的思考能力，也会权衡利弊，更要以自身的需求为主导，根本不可能完全听从爸爸妈妈的安排。即使真的有孩子不加选择地听从爸爸妈妈的旨意，他们也一定是心智不健全的孩子。

对于这样的控制局面，爸爸妈妈们也喊冤叫屈，他们会再三强调："我这都是为孩子好啊！"为孩子好？你们真的知道孩子需要什么吗？真正地为孩子好，就是要了解孩子的需求，切实满足孩子的身体成长和心理发育的需要。尤其是当面对重大决策时，父母更不应该代替孩子做出选择。有些爸爸妈妈会说，正是因为事关紧要，所以才要代替缺乏生活经验的孩子做出决定。其实，这话恰恰说反了。孩子虽然还不够成熟，但是已经具备一定的思考能力，基本上能够理性做出选择。当爸爸妈妈代替他们做出的选择不正确时，他们一定会产生抱怨。与此相反，如果爸爸妈妈能够给出中肯的建议，让孩子自主做出选择，那么不管对错，他们都会得到生活的经验，收获多多。如此长大的孩子，也许会因为选择错误承受后果，但是未来长大成人之后，一定更加有主见，更独立，更坚强。孰重孰轻，聪明的爸爸妈妈一定能够权衡出来。

苹果八岁了，读小学二年级。新学期开学后，学校里正在统计孩子们报兴趣班的情况，苹果也把报名表拿回家里。兴趣班的种类很多，有美术、音乐、跆拳道、武术、舞蹈、小提琴、打水鼓等。

原本，妈妈想让苹果报名参加舞蹈班，毕竟女孩子学习舞蹈，可以锻炼形体，气质也更好。不过，苹果对打水鼓很感兴趣，她觉得打水鼓很酷。到底报什么班呢？妈妈并没有强迫苹果，而是对苹果说："小苹果，你喜欢跳舞吗？"苹果点点头，又摇摇头，说："既不是特别喜欢，也不讨厌，学不学都行。"妈妈又问："那你喜欢打水鼓吗？"苹果想了想，说："以前从来没打过，但是觉得很好玩，想试一试。"妈妈明白苹果的意思，说："你报名参加什么兴趣班都可以，妈妈只是建议你参加舞蹈班，因为女孩子坚持学舞蹈，长大后气质和身材都会很好。如果学得好，还可以报名考级，即使长大了，也可以跳舞！不过，水鼓也不错，热情奔放，也符合你的性格。你自己决定吧！"

苹果认真地想了一个晚上，甚至还列了一张优缺点的对比表，帮助自己权衡。最终，苹果选择学习舞蹈。她对妈妈说："水鼓，我平日里也可以学。在学校学跳舞吧，可以一直跳，而且我的好朋友也报名学跳舞了，我们可以做伴。"

初学舞蹈的苹果很辛苦，每天都要压腿，拉开韧带，增强身体的柔韧性。不过，她一点儿怨言都没有，每天都乐呵呵的，因为这是她自己的选择。她的朋友呢？当初是被妈妈逼着学习舞蹈的，锻炼的时候总是哭哭啼啼，一点儿都感受不到舞蹈的乐趣。

在这个事例中，妈妈很想让苹果报名参加舞蹈兴趣班。不过，妈妈得知苹果对打水鼓也有兴趣后，没有刻意引导苹果。毕竟，未来人生之中还有很多选择需要苹果独自面对，妈妈相信苹果能够做出理智的决定。妈妈的做法是完全正确的，苹果每天都积极地参加舞蹈练习，丝毫不觉得辛苦，反而感受到舞蹈带来的乐趣。

爸爸妈妈们，没有人能代替孩子成长的过程。基于这个原因，即使是抚育孩子长大的你们，也不要代替孩子决定人生。尤其是当爸爸妈妈以命令的口吻对孩子说话时，往往会起到事与愿违的效果。因为随着年龄的增长，孩子的自我意识逐渐觉醒，他们更加关注自身，也渴望得到他人的尊重。很多时候，他们反抗的不是事情本身，而只是不喜欢接受他人的命令。在这种情况下，如果能够以建议的方式委婉地说出你们的思考，孩子也许更容易接受，更乐于采纳。

坦诚，是一切沟通的基础

何为坦诚？所谓坦诚，就是人与人彼此之间没有隔阂，真心相对。从表面上看，亲子关系应该是最密切也最坦诚的关系，实际上，很多情况下并非如此。亲子关系不坦诚的原因是多方面的，也许是因为爸爸妈妈想要保护孩子，不想让孩子因为一些事情烦恼；也或者爸爸妈妈不信任孩子，不想让孩子知道家里成人的太多事情；还有可能是孩子戒备爸爸妈妈，不愿意和爸爸妈妈毫无芥蒂地沟通。总而言之，不管因为什么，亲子之间出现了隔阂，并不能把心中所有想说的话都如实表达出来。长此以往，亲子之间就会失去信任，甚至产生信任危机。

要做到坦诚相待，首先爸爸妈妈要信任孩子。不管孩子多大，都是家庭的一名成员，只有爸爸妈妈信任和尊重孩子，孩子才能感受到平等，也才能更加富有主人翁意识，与爸爸妈妈更好地相处。

其次，爸爸妈妈要理解孩子。很多爸爸妈妈在与孩子沟通时，不等孩子说出个子丑寅卯，就马上打断孩子说话，让孩子"闭嘴"，或者不由分说地指责孩子。这一切都会让孩子受到挫折，不愿意再向爸爸妈妈敞开心扉。

最后，爸爸妈妈应该赢得孩子的信任。亲子关系和所有普通的人际关系一样，也需要以信任作为基石。很多爸爸妈妈在养育孩子的过程中喜欢搞"一言堂"，不管什么事情都命令和操控孩子，最终导致孩子心生叛逆。只有真正的爱和自由，才能让孩子畅所欲言，做自己想做的事情，坦诚地面对爸爸妈妈。

恬恬是个很乖巧的女孩。最近，她发现妈妈经常心不在焉，原本高超的厨艺也总是发挥失常，不是咸了就是淡了。恬恬意识到妈妈也许遇到了困难。

晚上吃完饭，妈妈刷完碗后，一个人坐在书房发呆。恬恬走过去，趴在妈妈怀里，问："妈妈，您怎么了？"妈妈笑着摇摇头，说："没事啊，你去玩吧，妈妈很好！"恬恬继续追问："但是，我看您一点儿也不开心。您有什么难事吗？"看到女儿关切的眼神，妈妈沉思片刻，与女儿坦诚相告。

妈妈说："宝贝，妈妈在工作上的确遇到了一些困难。不过，这都只是暂时的，很快就会好转的。"恬恬担心地说："妈妈，我能帮您战胜困难吗？"妈妈抚摸着恬恬的头，安慰恬恬："恬恬，你相信妈妈能够凭借自己的努力战胜困难吗？就像你有的时候考试出现失误，成绩不那么优秀，你也会自己努力追上去，提高成绩一样。你觉得呢？"恬恬信任地看着妈妈，坚定不移地说："妈妈，您是最棒的！"妈妈心头一热，平日里，她经常夸赞恬恬是最棒的，如今这个小家伙居然用同样的话来鼓励她。

知道妈妈是因为工作上的事情担心之后，恬恬反而放心了。她知道，妈妈一定会战胜困难，勇往直前。

对于恬恬来说，妈妈的喜怒哀乐直接关系到她的生活。因此，她很关注妈妈的情绪。面对恬恬的关心，妈妈原本想隐瞒，但最终决定坦诚相告。因为，如果恬恬不知道妈妈为什么烦恼，也许会更加伤心。这件事情之后，相信妈妈和恬恬之间会更加信任彼此，相互鼓励，就像真正的好朋

友所做的那样。

爸爸妈妈们，面对家庭遭遇的困境，当孩子觉察到的时候，你们是否也能够坦诚对待孩子呢？其实，任何人际关系都是相互的，只有信任对方，才能赢得对方的信任。亲子关系也是如此，只有爸爸妈妈信任孩子，把心事告诉孩子，孩子在遇到困难的时候也才会主动告诉爸爸妈妈，与爸爸妈妈同甘共苦，共渡难关。不管是什么原因，亲子之间都应该真诚相待，毫无隐瞒。

父母要做好承兑，孩子才会信任你的话

　　孩子的脸就像五月的天，时而晴朗，时而阴郁。这是因为孩子是很情绪化的，他们的感情还不够稳定，而且很容易受到外界的影响，因此总是在短时间内就会发生很大的变化。为了应付孩子们不断出现的状况，尤其是当孩子们提出无法满足的要求时，爸爸妈妈往往会采取缓兵之计，暂时应付孩子，帮助孩子恢复安静。例如，有个孩子很喜欢遥控小汽车，就央求爸爸给他买。当着商场里那么多人的面，爸爸不知道如何让孩子停止哭泣，只好对孩子说："只要你听话，等到爸爸发工资了，给你买比这个更好的。"说完这句话，孩子半信半疑地看着爸爸，爸爸再次斩钉截铁地保证，孩子终于相信了。然而，孩子左等右等，爸爸已经发了好几次工资了，却绝口不提给他买遥控汽车的事情，孩子终于失望了。当类似的情况再次发生时，即便爸爸信誓旦旦，孩子却丝毫不为所动，这招缓兵之计也彻底失效了。

　　很多爸爸妈妈都觉得孩子还小，不会牢牢记住爸爸妈妈说的话，也许睡一觉就彻底忘干净了。其实，孩子虽然小，但是记性却很好。也许他们会一次两次地忘记爸爸妈妈的承诺，但是终有一天会知道爸爸妈妈没有兑现承诺的事实。如此长久下去，爸爸妈妈就会在孩子面前失去威信，即使

是说真话，孩子也不会放在心上。

很多爸爸妈妈都教育孩子要信守诺言，自己在对待孩子的时候却把承诺抛之脑后，这样一来，孩子也会学习爸爸妈妈的样子，不但不相信爸爸妈妈的话，而且也从来不兑现自己的任何承诺。在这个诚信社会，如果孩子不守信用，那么他的人生之路必然越走越窄。

曾子，是孔子的弟子。他不但学识渊博，而且为人正直，诚信待人，从不欺瞒别人。即使在教育孩子时，他也言必出，行必果，从不对孩子食言。

有一天，曾子的妻子准备去集市上买东西，孩子也哭喊着要跟随妈妈一起去。因此，妈妈骗他："好孩子，在家里等妈妈回来，妈妈杀猪给你吃肉。"孩子听了妈妈的话，高兴地回到家里等待，还不停地叫道："要吃肉喽，要吃肉喽！"

整整一天，孩子都乖乖地在家里等着妈妈回来。即使小伙伴们来喊他出去玩，他都没有去。他在院子里坐着，靠着墙根晒太阳，心里不停地想象自己吃到香喷喷的猪肉时的情景，无比期待。好不容易等到日落西山，妈妈终于回来了。孩子远远地看到妈妈的身影，赶紧飞奔过去，喊道："妈妈，妈妈，快点儿杀猪，我真馋啊！"不想，妈妈说："杀猪？那可是咱们一家人半年的生计啊，怎么能杀掉呢？得等到过年的时候，才能杀猪！"听到妈妈的话，孩子号啕大哭，跑回屋里。

曾子知道孩子为什么哭之后，一语不发，转身去厨房拿出一把明晃晃的刀。他的妻子看到之后吓坏了，因为曾子对孩子一向严格要求，她还以为曾子要狠狠地教训孩子呢！她赶紧把孩子搂紧怀里护着，不想，曾子却拎着刀去了猪圈。

妻子疑惑地问："你去猪圈干什么？"曾子毫不迟疑地说："杀猪！"妻子这才放下心来，说："离过年还早着呢，杀什么猪。我只是为了哄孩子随口一说，你还当真啦！"不想，曾子一本正经地说："对孩子说话，必须兑现。否则，孩子长大以后也会随口一说，根本不会遵守自己的承诺。如果我们自己都不能遵守诺言，那还有什么资格教育孩子？"听了曾子的话，妻子哑口无言。

曾子果然杀了猪，让孩子高高兴兴地吃了一顿猪肉。他还请附近的乡人们也来吃猪肉，并且告诉乡亲们，只要是对孩子说的话，都应该兑现，为孩子树立诚信的榜样。

也许有人会觉得，曾子为了妻子对孩子所说的那句玩笑话，把家里留着过年的猪都杀了，这样做未免太较真，可谓得不偿失。然而，曾子想到的事情是很深远的，他在孩子面前树立了威信，也教会孩子信守诺言，帮助孩子养成了诚信的品质。这样一来，孩子长大之后，也会成为像曾子一样的守信之人，人生必然更加开阔。

爸爸妈妈们，在日常生活中，你们也一定会因为各种各样的情况随口对孩子说出一些类似承诺的话。当时过境迁，你们还能主动兑现承诺吗？其实，不管孩子是否记得你们的承诺，对于说过的话，你们都应该主动兑现。只有这样，孩子才会从你们的身上看到闪闪发光的诚信品质，才能成长为诚信之人。

让自己保持在与孩子的视线齐平的位置

由于身高的落差，成人在看孩子的时候，总是采取俯视的目光。对于年幼的孩子，他们往往只看到孩子的头顶，而忽视了孩子的面部表情。正因为如此，他们很难及时体察孩子的情绪，给予孩子精神和感情上的关怀与慰藉。也因为身高的落差，孩子在看成人的时候，总是采取仰视的目光。因为一生下来就要依赖爸爸妈妈的悉心照顾，所以孩子们更加崇拜爸爸妈妈。然而，随着年龄的渐渐增长，他们意识到爸爸妈妈也有不知道的知识，也有感到无奈的时候，因而爸爸妈妈在他们心目中不再那么高大了。基于这两方面的原因，亲子之间的相处就会出现很多误解，导致彼此不能互相理解和体谅。

其实，要想改变这种状况也很简单，即爸爸妈妈要学会蹲下来，与孩子的视线齐平。如此一来，不但爸爸妈妈能够与孩子进行眼神的交流，洞悉孩子的内心，孩子也能更亲近爸爸妈妈，亲子之间产生良好的互动交流。

上文所说的仅仅是身高导致的原因，从更深层次上来说，父母还应该从精神上降低自己的高度，让自己拥有一颗赤子之心，以孩子的视角看问题这样才能更好地理解孩子，尊重孩子，与孩子平等相处。归根结底，亲子关系和普通的人际关系一样，也要建立在爱、尊重、理解和平等的基础上，才会进入良性发展。

公司要举办年会，妈妈决定带苏珊一起参加。因为苏珊提前放假了，家里没人看守她。苏珊很高兴，她很想见识见识妈妈公司的年会。然而，年会刚刚开始半个小时，苏珊就开始觉得无聊。虽然年会上有精彩的节目、美味的食物、各种各样精美的礼物，但是苏珊一点儿都不高兴。妈妈让她在圣诞树下拆礼物，苏珊拆了几个礼物就不再觉得惊喜。她想回家了。

苏珊拽拽妈妈的衣角，说："妈妈，我想回家。"妈妈看了看苏珊，说："宝贝，年会多么精彩啊，也很热闹，为什么要回家呢？"苏珊依然带着哭腔说："妈妈，我想回家。"妈妈把苏珊带到人群的外围，蹲下来问苏珊："苏珊，再留下来一会儿好不好，年会很快就结束了。"苏珊的眼泪掉了下来。为了胁迫妈妈回家，她甚至坐在地上开始耍赖。无奈，妈妈只好继续蹲在那里，想苏珊站起来。

突然，妈妈眼角的余光看到了摆放食物的桌子。她很惊讶，这里看不到桌子上各式各样精美的糕点，只能看到桌子腿。四四方方的桌子腿，就那么乏味地站立在那里，支撑着放满美食的桌子。妈妈再环顾四周，发现自己目之所及，都是人们的腿。或粗或细的腿，有的穿着西裤，有的穿着丝袜，有的是平底的皮鞋，有的是细高跟的时装鞋。妈妈恍然大悟：以苏珊的身高所看到的年会，简直太枯燥乏味了。妈妈当即带着苏珊离开年会，陪苏珊回家。

在这个事例中，妈妈为了劝说苏珊耐心等年会过后再走，因而蹲下来和苏珊对话。然而妈妈突然发现，在她心里非常精彩的年会，在苏珊的高度看起来，居然那么枯燥乏味，真的很难让一个孩子继续忍受下去。因此，妈妈及时带苏珊离开会场，因为她了解了苏珊的世界。

在生活中，很多爸爸妈妈都习惯于以自己的身高看待世界，俯视孩子。建议诸位爸爸妈妈，最好能够蹲下来，与孩子的视线保持齐平。唯有如此，才能看到孩子眼中的世界，也才能更好地理解孩子的情绪。

换位思考，理解孩子心中怎么想

前文我们说过角色互换的事例，其实，角色互换的目的就是为了更好地换位思考。当然，不仅仅孩子需要理解爸爸妈妈的用心良苦，爸爸妈妈也应该学会换位思考，理解孩子的所思所想。大多数情况下，人们已经习惯了从自己的角度出发思考问题，每个人都不例外。即便是面对我们最爱的并且愿意为之付出一切的孩子，我们也依然难以摆脱从自己的角度出发思考问题的习惯。那么，如何才能知道孩子心中怎么想呢？

对于成人来说，即使不采取角色互换的方法，也可以换位思考。毕竟，成人的生活经验更加丰富，经历也更复杂，体验过各种各样的情感。只要愿意，爸爸妈妈还是可以站在孩子的角度思考问题的。当然，为了使换位思考的效果更好，爸爸妈妈还应该多多学习，了解孩子在每个年龄段的身体成长和心理发育的特点，这样才能以科学为指导，更好地走进孩子的内心。

不可否认的是，即使再怎么设身处地，我们也不可能完全站在他人的角度思考问题，即使这个人是我们所爱的孩子。然而，教育是一项任重道远的工作，我们唯有竭尽所能，才能离孩子的世界近一些，更近一些。不管什么时候，多一分理解和体谅总是好的。亲子之间的很多矛盾之所以发生，就是因为爸爸妈妈不知道孩子心中怎么想。如果能试着理解孩子，也就打开了亲子沟通的一条通道。

爸爸妈妈们，做好准备了吗？从现在开始，尝试着理解孩子，站在孩子的角度进行思考吧，你们一定会有惊喜的发现。

小宇是一名五年级的学生。近来，他和妈妈之间总是频繁发生"战争"。昨天晚上，小宇回家说想要报名参加学校的篮球队，妈妈一听就火冒三丈，连珠炮似的说："你这孩子，现在学习任务这么紧张，再有一年多就小升初了，你怎么能参加篮球队呢？你要是有多余的时间，还不如多看看书，背诵课文，哪怕看看作文选也行啊。你要知道，你考试的时候即使多考一分，也有可能因此就上了重点初中呢！"听到妈妈的话，小宇的头一下子就大了。他的火气蹭地上来，也对妈妈喊道："分分分，您每天脑子里似乎就只想着这一件事情。我即使是超人，也不可能二十四小时学习啊。我看我以后睡觉也别睡了，多么浪费时间呢！我就一直学习，直到累死！"妈妈伤心地看着小宇，一言不发。

晚上，爸爸下班回来看到小宇和妈妈谁也不理谁，便问妈妈发生了什么事情。妈妈把前因后果和爸爸讲述一遍，爸爸想了想，诚恳地对妈妈说："我有几句话想说，你可别生气。小宇报名参加篮球队也没关系，毕竟他说的有道理，他不可能二十四小时学习呢。我倒是觉得课余时间打打篮球，反而可以帮他劳逸结合，脑力与体力结合，也许学习上反而能够事半功倍。"听了爸爸的话，妈妈沉思片刻，自我反省道："也许，我的确给他太大压力了。"

第二天早餐时间，妈妈心平气和地对小宇说："小宇，妈妈昨天有些反应过激了。我又和爸爸商量了一下，我们同意你报名参加篮球队。爸爸妈妈相信，你会合理安排学习时间，劳逸结合的。"小宇也真诚地向妈妈道歉："妈妈，我不应该那样对您说话。我知道，你们都是为了我好。你们放心

吧，我一定不会因为打篮球耽误学习的，其实，我也是想在学习之余放松一下精神，学习才能事半功倍。"看到小宇这么懂事，妈妈欣慰地笑了。

　　在这个事例中，妈妈之所以一听到小宇说要报名参加篮球队就火冒三丈，是因为妈妈的精神太紧张了。她没有耐心问小宇心里是怎么想的，就劈头盖脸地数落小宇，导致小宇也愤愤不平，产生了逆反心理。实际上，如果妈妈能给小宇机会说出自己的打算，那么她一定能够更加理解和体谅小宇，也会同意小宇想打篮球来放松身心的做法。

　　由此可见，作为爸爸妈妈，应该尊重孩子，学会换位思考，与孩子之间进行平等地交流，了解孩子的真实想法。

　　在现实生活中，因为爸爸妈妈不能换位思考，导致误解孩子的现象屡见不鲜。其实，爸爸妈妈先入为主地判断孩子的主要原因，就是不能尊重孩子，平等地对待孩子。爸爸妈妈只有摆脱高高在上的心理，把孩子当成是平等的个体，才能更好地处理亲子之间的关系，让亲子关系变得更加和谐融洽。

父母也要学会道歉

在孩子成长的过程中，一些爸爸妈妈始终扮演着"救世主"甚至是"上帝"的角色，认为自己为孩子提供物质和精神上的强力支持，帮助孩子更好地成长。然而，爸爸妈妈不是施舍，孩子也不是乞讨。爸爸妈妈养育孩子，是出于对孩子的爱，这种爱是无私的。从这个角度来说，爸爸妈妈任何时候都不应该居高临下地对待孩子。毕竟，孩子也是一种独立的精神存在。从很小的婴儿时期，他们就有自己内在的精神世界。因此，爸爸妈妈不论为孩子付出多少，都不应该以此胁迫孩子必须对他们言听计从，而是应该依然平等地对待孩子，发自内心地尊重孩子。唯有如此，孩子才能在爱和自由中健康成长。

孩子的成长是一个漫长的过程，在这个过程中，亲子之间难免发生各种各样的矛盾。绝大部分爸爸妈妈都会说"孩子不听话，太调皮，又任性"，真实的情况是，很多时候大人们也有错误。然而，爸爸妈妈习惯了权威的角色，总是喜欢俯视和支配孩子，即便意识到自己的错误，也从来不愿意承认。由此一来，孩子一直都是过错方，不停地给爸爸妈妈道歉，进行自我反省。长此以往，孩子必然失去自信，沉浸在接连犯错的挫败感中。

明智的爸爸妈妈能够客观评价亲子关系，一旦发生矛盾，也能公正地

做出判断。如果是孩子错了，他们会采取适宜的方式给孩子指出错误，让孩子主动改正。如果是自己错了，他们也会鼓起勇气向孩子认错，告诉孩子，大人也会犯错，也需要不断改进和学习。这样的爸爸妈妈，才能帮助孩子树立正确的观念，学会正确面对错误。

乐乐和妈妈是一对欢喜冤家。乐乐是个暴脾气，这一点随妈妈。两个暴脾气在一起，总是时不时地吼两嗓子，不过，彼此很快就都忘记了不愉快的事。这次不一样，这次乐乐真的较劲了。

昨天晚上，妈妈看到乐乐一放学就玩耍，马上暴脾气发作，怒吼道："乐乐，你怎么不写作业就玩啊！你真是个不让人省心的家伙！"听到妈妈的河东狮吼，乐乐回过头淡定地说："妈妈，我的作业已经在学校写完了。""哦！"听说乐乐的作业在学校就已经写完了，妈妈就像泄了气的皮球，只"哦"了一声，就没了下文。不想，乐乐却不依不饶地说："妈妈，您应该向我道歉，您侮辱我了。"乐乐刚刚上一年级，还没有准确理解侮辱的意思，他大概是想说妈妈误解他了，并且还不由分说地批评他。然而，妈妈却说："我只是在提醒你写作业而已，和侮辱有什么关系？你这个小屁孩，还挑我的刺呢！"就这样，直到晚上睡觉时，妈妈也没给乐乐道歉。乐乐带着委屈，很晚才睡着。

睡前聊天时，妈妈把这件事情讲给爸爸听。不想，爸爸听了之后一本正经地说："我觉得你应该向乐乐道歉。否则，他以后犯了错误，也会想办法推脱的。"妈妈继续狡辩："不会那么严重的。"爸爸严肃地说："你必须道歉，乐乐心里什么都清楚呢！你放心吧，道歉不会影响你在他心目中的光辉形象，他只会觉得你是个勇敢的妈妈，更爱你。"妈妈对爸爸的话半信半疑，一想到乐乐以后有可能也会推卸责任，不能勇敢地承认错误，她决定明天早晨一起床就向乐乐道歉，毕竟孩子的成长无小事呢！

次日清晨，妈妈早早起床为乐乐做好早餐，然后喊乐乐起床。在乐乐还睡眼蒙眬时，妈妈不好意思地说："好儿子，妈妈昨天误解你了，向你道歉。你原谅妈妈吧。"听到妈妈道歉，乐乐一下子瞪大眼睛，说："妈妈，我原谅您，不过，希望您以后再责怪我的时候能先问清楚情况。"妈妈连连点头。

乐乐虽然年纪不大，但是思维很清晰。他知道妈妈之所以误会他，就是因为没有了解情况。不过，他得到妈妈的道歉就很满足了，毕竟，他还是很爱妈妈的！就这样，乐乐和妈妈的关系重归于好，而且，这件事情之后乐乐犯错时一定也会主动地承认错误，表达歉意。

爸爸妈妈们，孩子虽小，却心思细密。在和孩子的亲子交往中，如果是爸爸妈妈犯错，一定要及时承认错误，并且正式向孩子道歉。毕竟，爸爸妈妈是孩子的榜样，对孩子起到言传身教的作用。是爸爸妈妈的颜面重要，还是孩子的健康成长重要呢？相信关于这个问题，明智的爸爸妈妈一定能够分清轻重，做出正确的选择。

第五章

要想让孩子听你的，不妨做孩子的听众

很多爸爸妈妈都因为孩子不听话而发愁，其实，不是孩子不想听话，而是因为爸爸妈妈根本没有把话说到他们的心里去。要想让孩子听话，爸爸妈妈首先应该成为一个用心的听众，听听孩子的想法和见解，了解孩子的需求。在此基础上，就有可能轻轻松松地把话说到孩子心里去。

孩子也需要尊重

在成人的世界里，每个人都渴望得到别人的尊重。为了赢得尊重，每个人都非常努力地工作和生活。其实，孩子也是需要尊重的。很多爸爸妈妈都会说，孩子那么小，什么事情都不懂，哪里知道尊重啊！孩子虽然小，缺乏理性思维的判断，但是他们的感觉非常敏锐，能够感觉到他人是否尊重自己。基于这一点，爸爸妈妈应该给予孩子足够的尊重，这样才能走进孩子的心里。

尊重，是一切人际交往的基础，亲子关系也是一种人际关系。如果爸爸妈妈不尊重孩子，就不会把孩子作为平等的个体对待。很多爸爸妈妈在孩子说话的时候，粗暴地打断孩子的倾诉，呵斥孩子"闭嘴"，这也是缺乏尊重的表现。等到孩子渐渐长大，自主意识逐渐增强，缺乏尊重会导致亲子关系更加紧张。例如，有些孩子希望独立自主，自己决定一些事情，但是父母却大包大揽，把家变成"一言堂"，孩子不但没有机会表达自己的想法，更没有机会自己做出决定。

现代社会是一个言论自由的社会，尤其是在充满爱的家中，更应该给予每一位家庭成员足够的理解和尊重。有些孩子特别喜欢辩论，无理都能辩三分，这恰恰说明他们思维敏捷，有主见。对于这样的孩子，即使爸爸

妈妈被辩驳得哑口无言，也应该发自内心地感到高兴吧！

　　小杰是个思维敏捷的孩子，口才也很好，小嘴巴每天都吧嗒吧嗒的，总也停不下来。很多妈妈都羡慕地对小杰妈妈说："你看看，你家小杰多好啊！这么外向乐观，很喜欢表达，多让人省心啊！"小杰妈妈却苦恼地说："哎呀，你们是不知道孩子爱说话有多么烦人啊！他能把学校里发生的事情都告诉我的确很好，但是有的时候我批评他一句，他至少得有十句在等着反驳我呢！关键是，仔细听听，他说的也不是没有道理，弄得我更烦。在单位忙碌一天，回来还要和他斗智斗勇。"听了小杰妈妈的话，其他妈妈都笑起来："要是我家孩子爱说话，天天和我辩论我也愿意。"

　　晚上吃饭时，妈妈问小杰："小杰，你这次考试怎么退步了呢？"小杰嬉皮笑脸地说："妈妈，表面看起来，我的确退步了。不过呢，我实际上是进步了。""哦，明明是退步了，你还能给说成是进步了？"妈妈不屑一顾地问。小杰看到妈妈的神情，有些受伤地说："既然您不想听，那我就不说了。"妈妈赶紧调整表情，面带微笑地说："小杰，你告诉妈妈你哪里进步了？"小杰这才说："您看啊，妈妈。我以前呢，作文总是要扣10分左右。不过呢，我这次的作文只扣了2分，我觉得这一点是值得您表扬的。至于分数为什么降低了，就是因为我没有好好背诵课文。您放心，课文是很快就能背下来的。"听到小杰的狡辩，妈妈无可奈何地说："你说得也有道理，作文的提高是值得表扬，不过，我希望你下次在考试之前就把课文背诵熟练。"小杰点点头，让妈妈放心。

　　即便是妈妈不屑一顾的表情和语气，小杰也能敏感地感觉到。幸好，妈妈及时调整了表情和语气，才知道小杰把这次考试的进步和退步之处都分析得很到位。妈妈没有批评小杰，而是提醒小杰下次考试不要再因为同样的原因导致退步。这样的妈妈，也足够机智。

　　爸爸妈妈们，在与孩子交流的过程中，你们是不是也时常对孩子的奇谈谬论不屑一顾呢？其实，孩子考虑问题并非没有道理，如果能认真倾听，适当地给孩子提个醒，孩子就会一点即通。

　　记住，亲子交流最重要的是尊重孩子，给予孩子为自己辩解的机会。现代社会的观念如此开放，想必没有父母愿意自己的孩子是闷不吭声的吧！只有给予孩子足够的尊重，耐心倾听孩子的心声，鼓励孩子多多表达，才能加深亲子之间的沟通，让孩子树立信心。

积极耐心倾听孩子的烦心事

在生活中，每个人都有烦心事。对于一些成人来说，各种各样的烦恼接踵而至，几乎没有消停的时候。例如，工作不顺利，没有得到晋升；父母身体不好，需要人照顾；丈夫的事业总是止步不前，让人看不到希望；妻子不够温柔漂亮，是个母老虎；孩子学习成绩不好，说出去有些丢人……这些事情都是生活中细碎的烦恼，常常惹得人们心烦意乱，不知如何是好。在这种情况下，很少有爸爸妈妈还有耐心倾听孩子的烦心事，在他们心里，孩子和小伙伴玩耍时发生的矛盾或者是其他的烦心事，都是鸡毛蒜皮的小事，根本不值一提。

殊不知，爸爸妈妈眼中不值一提的小事，在孩子稚嫩的心灵中，也许就是惊天动地的大事。例如，一个孩子参加学校的作文比赛没有获奖，爸爸妈妈会觉得小事一桩，下次再争取即可。但是对孩子来说，没有为班级争光，也许非常丢人，会使他产生深深的挫败感。在这种情况下，爸爸妈妈只有及时为孩子进行心理疏导，多多鼓励和认可孩子，孩子才能再次产生信心，继续努力。反之，孩子也许需要花费很长时间才能从失败的阴影中走出来，甚至有些敏感抑郁的孩子还会因此而一蹶不振。

再如，孩子和好朋友吵架了，互相谁也不理谁。在爸爸妈妈看来，小孩子闹矛盾是很正常的，过几天就会烟消云散，和好如初。然而，孩子可预想不到他们闹矛盾很快就会和好，而是为自己失去一个朋友郁郁寡欢，闷闷不乐。在这种情况下，爸爸妈妈应该积极倾听孩子的烦恼，帮孩子出谋划策，尽快与好朋友恢复友好交往。

总而言之，孩子心里的烦恼对他们而言都是大事，爸爸妈妈应该予以足够的重视，帮助孩子尽快走出阴霾，回到晴朗的天。很多时候，爸爸妈妈需要做的仅仅是倾听和理解。就像成人伤心的时候需要找个肩膀靠一靠，找个人哭诉一番一样，孩子经过倾诉，心情也会很快变好。给孩子一双倾听的耳朵，是爸爸妈妈关心孩子首先要做到的事情。

每天晚上放学回家后，写完作业的淘淘都会凑到妈妈面前，想和妈妈说说自己的烦恼。然而，那个时间妈妈正在厨房里烟熏火燎地做饭，对于淘淘的倾诉，她总是粗暴地说："你先出去玩，等妈妈有时间再说吧！"长此以往，淘淘不再向妈妈倾诉了，妈妈也乐得清静。

然而，老师的一个电话让妈妈心惊胆战，原来，淘淘在学校闯祸了，拿铅笔扎了一个小朋友的手。妈妈赶到学校，赶紧向那位小朋友及其家长道歉，好不容易才平息了对方的怒火。等到对方家长走后，老师问淘淘妈妈："您知道淘淘今天要打人的事情吗？"妈妈一脸茫然，说："我不知道啊！"老师又说："但是淘淘刚才说，是他让妈妈把铅笔削尖的，他说他就是为了拿铅笔扎同学。"妈妈惊恐地看着老师，说："我真的不知道，我回家教训他。"老师看到淘淘妈妈着急的样子，安慰说："事情已经发生了，您也别再责怪孩子。您应该知道我们平时不让把铅笔削得太尖，您就没问问孩子为什么要把铅笔削尖吗？淘淘最近很不爱交流，我想，您在家里应该多多关注他，了解他的内心。"妈妈后悔地说："我最近工作太忙，的确疏忽他了。有的时候他想和我聊天，我都在忙这忙那。您放心吧，晚上回去我就和他聊聊。"

放学回家后，妈妈问淘淘："宝贝，你为什么要拿铅笔扎同学呢？"淘淘不以为意地说："谁让他昨天打我呢！我早就看他不顺眼，他前几天还抢我的小人书呢！"妈妈问："怎么没听你说起呢？"淘淘不耐烦地说："您总是在做饭，或者忙着，我怎么跟您说？"妈妈看到淘淘的样子，不由得万分自责。

从此之后，每天妈妈都会抽出一段时间与淘淘交流，了解淘淘在学校发生的事情，及时排遣淘淘的烦恼。

父母给孩子的最好的发泄渠道，就是倾听。虽然孩子小小年纪，但是他们也有自己的烦心事。如果把烦躁的情绪堆积在心里，就会不断恶化，导致他们最终做出极端的举动。就像上述事例中的淘淘，如果妈妈能够及时和他聊天，听他诉说烦恼，引导他正确排解烦恼，那么他就不会做出偏激的举动。

毫无疑问的是，不但要工作，还要照顾家庭和孩子，的确非常劳累。即便如此，也要挤出时间和孩子沟通，听孩子们诉说他们小小的烦恼。养育孩子无小事，只有给孩子百分之百的关注与关爱，孩子才能更加健康快乐地成长。

孩子不会表达时，要多问多引导

　　每个孩子的性格都是不同的，有些孩子非常外向，总是喜欢表达自己，不管是有了高兴的事还是烦恼的事，都会在第一时间倾诉。相反，有些孩子性格内向，从来不喜欢说话，不管心里承受多大的压力，都愿意一个人默默承担。

　　对于第一种性格的孩子，父母当然无须多操心，只要做好倾听的工作就好。对于第二种孩子，则要多多引导，让孩子变得乐于表达。只有孩子愿意表达，父母才能更好地了解他们，洞察他们的心理发育情况，及时做出反应。

　　引导孩子表达的方式有很多。首先，最简单且最直接的方式就是提问。当孩子不愿意主动倾诉时，爸爸妈妈可以多问孩子一些问题。需要注意的是，前期这些问题一定要简单，让孩子轻松地做出回答。这样一来，孩子才会渐渐地爱上交流。反之，如果爸爸妈妈提出的问题非常复杂，难度很大，让孩子不知如何作答，那么他们就会更加封闭自己。

　　其次，当孩子不愿意回答问题时，爸爸妈妈还可以使用创设情境的方法，让孩子在愉悦的氛围中表达自己。很多时候，孩子不愿意说，是因为对外界的环境心怀警惕。就像成人之间敞开心扉地聊天需要轻松愉悦的氛围一样，要想让孩子敞开心扉诉说心里话，也需要创设愉悦的氛围。

最后，爸爸妈妈适当地引导孩子，说一些孩子感兴趣的话题，也能增强孩子想要交流的欲望，让孩子乐于表达，积极表达。

总而言之，孩子不愿意表达的状况是可以改变的，只要爸爸妈妈多多用心，说不定不爱说话的孩子最终会变得很健谈呢！

默默很不喜欢说话，每天在家里都闷闷的，偶尔妈妈问他什么，他才会极不情愿地回答妈妈。对于默默的这种状态，妈妈很担心，甚至怀疑默默有心理问题。不过，爸爸不让妈妈带默默去看心理医生，怕给默默心理带来不好的影响。一个周末，爸爸带默默去拜访一位学习儿童心理学的同学张瑜，想以做客的方式让张瑜评估默默现在的状态。

来到陌生人的家里，默默显得很拘谨。不过，从默默的眼神可以看出，他非常机警。他打量周围的环境，然后坐在沙发的角落里，显得很紧张。张瑜看出来默默的心理没有问题，尝试着和默默交流。他问了默默好几个问题，默默都没有回答。突然，张瑜发现默默一直在盯着角落里的变形金刚看，因此问默默："默默，你喜欢变形金刚吗？"默默这才回答："喜欢。"张瑜说："真的呀，我也喜欢变形金刚。你最喜欢变形金刚里的哪一个呢？我最喜欢大黄蜂。""大黄蜂很漂亮。"默默想了想说，"我最喜欢擎天柱。因为擎天柱力大无比，而且非常勇敢。"看到默默一下子说了这么多话，张瑜觉得自己找到了打开默默心扉的钥匙。他拿出自己收藏的全套变形金刚，开始和默默展开讨论。让坐在一旁的爸爸万分惊讶的是，默默说起变形金刚来简直眉飞色舞，滔滔不绝。张瑜也情不自禁地感叹："默默，你对变形金刚的了解比叔叔还全面呢！为了奖励你，叔叔决定把擎天柱送给你，作为礼物。"默默愉快地接受了张瑜的馈赠，还表示了真诚的感谢。

这一天的做客经历，让爸爸坚信默默没有任何心理问题，他此前只是不想对自己不感兴趣的话题发表看法而已。回家之后，爸爸在张瑜的指导下每天都认真观察默默，发现了默默很多感兴趣的事情，以此为契机，与默默愉快地沟通。

默默并非不爱说话，只是不喜欢对不感兴趣的话题发表看法。张瑜敏锐地发现默默喜欢变形金刚，因此就和默默交流与变形金刚相关的话题。幸好，妈妈没有带默默去看心理医生，不然肯定会给默默的心理带来不好的影响。

爸爸妈妈们，如果你们也有一个"金口难开"的孩子，千万不要着急。只要向默默爸爸学习，了解孩子对什么感兴趣，就可以打开孩子的心扉，让孩子对你滔滔不绝。其实，不仅孩子如此，成人也不会对自己感到乏味的事情发表看法。由此可见，寻找到兴趣的契合点，是让孩子乐于表达的关键。当然，如果能够营造和谐愉悦的氛围，孩子就更容易放松心情，畅所欲言。

孩子说话时，不要轻易打断他

人们在表述某件事情时，其实思维一直在紧张地工作——组织语言。因此，表达能力好的人，往往思维清晰。众所周知，思维是具有连贯性的。在别人陷入沉思之中时，我们知道不应该贸然打扰他们。但是，当别人说话时，很多人却会不知不觉地插嘴，打算他人的表述，并且不认为自己是错的。实际上，打断别人说话和打断别人思考是一样的，因为说话的人也在不停地思考，组织语言，以便于完整清晰地表达。那么，现在你还觉得打断别人说话是无关紧要的事情吗？

在成人的交往中，大家尚且能够意识到打断别人说话是不礼貌的，因而不会随意插嘴。然而，在成人与孩子的交往中，有多少爸爸妈妈能够尊重正在说话的孩子，耐心等待孩子把话说完呢？很多时候，孩子刚刚开始说话，爸爸妈妈就毫不留情地开始表达自己与其截然相反的看法，根本不容孩子把话说完。也有的时候，孩子明明在说一件事情，爸爸妈妈却不以为意，插嘴说一件与孩子说的事情毫不相干的事，这都是不尊重孩子的表现。最重要的是，这样的行为会打断孩子的思维，让孩子正在有序组织的语言突然中断，甚至产生思绪上的混乱和模糊。这么说来，爸爸妈妈应该能意识到问题的严重性了。

举个简单的例子来说，如果孩子正在苦思冥想一道奥数题，你会突然让孩子去帮你倒垃圾或者打酱油吗？你当然不会，你还会保持安静，甚至不发出任何声音，以便让孩子凝神细思。说话和思考奥数题有什么区别呢？孩子说话之前并没有打草稿，因此他的表述不是对着草稿照本宣科，而是一边用思维组织语言，一边用嘴巴把组织好的语言说出来。从某种意义上来说，这样的表述比思考奥数题更难。既然如此，爸爸妈妈还有什么理由打断孩子说话呢？在孩子说话时，爸爸妈妈应该尽力保持安静，而且还要给予孩子一定的回应，诸如点头、微笑、赞赏的眼神等，鼓励孩子继续说下去。

吉吉进入一年级之后，老师发现他的表达能力很差。有的时候，吉吉正在说一件事情，说着说着，就会忘记自己要说什么，停在那里，仿佛思维进入停滞状态。看到吉吉的样子，老师觉得很反常，因此建议妈妈带吉吉去看看心理医生。

心理医生检查吉吉的状态之后，问妈妈："孩子小时候学会说话之后，在表达的时候，你们是否经常打断他说话？"妈妈认真地想了想，说："这个孩子从小说话就很慢，有的时候，在话说到一半时，我们知道他的意思，就会打断他，然后去做。"心理医生说："这就是导致孩子今天出现这种情况的原因。你们在打断他说话的同时，也打断了他的思维。如果他从小就不能完整地思考一件事情并且表达出来，现在又如何能拥有完整的思维呢？"听到心理医生说得这么严重，吉吉妈妈很担心，忙问："现在还可以补救吗？我们要怎么做呢？"医生慢条斯理地说："孩子的思维很慢，在思考问题的时候往往非常专注。所以，他说话才慢。因为说话的速度和思维的速度应该是一致的。从现在开始，你们千万不要再打断他说话，即使他要说的话你们一清二楚，你们也要给予足够的耐心，用心倾听他的话，鼓励他慢慢地说完整。只有这样循序渐进，他的思维才能得到发展，说话

才不会半途而废。"

回家之后，妈妈马上召开家庭会议，让家里的人都学会如何配合吉吉表达。经过全家人的努力，半年之后，吉吉的表达情况果然有所好转，他的思维能力也得到了极大的提高。

上述事例中，吉吉之所以会出现思维的真空状态，就是因为平日里家人总是打断他说话，或者插嘴他的表达。长此以往，他的思维受到影响，语言表达能力也很弱。幸好，老师及时发现吉吉的反常，家人也在心理医生的指导下学会了帮助吉吉的方法。

爸爸妈妈们，你们在生活中一定也有些时候会觉得孩子表达太慢，太啰唆，甚至为此心急，恨不得代替孩子说出他的意思。殊不知，这样拔苗助长的行为对孩子的正常发育非常不利。因此，明智的爸爸妈妈，为了孩子的健康成长，请保持足够的耐心，慢慢地等待孩子长大。

别急于否定孩子的话

孩子说的话都是对的吗？当然不是。在大多数爸爸妈妈心里，事实与此恰恰相反，孩子说的大多数话都是错的，因为他们没有社会经验，没有人生阅历，所以对很多事情的理解和认知都是错误的。正因为如此，他们总是毫不保留地否定孩子，打击孩子，丝毫不顾及一味地否定和打击会给孩子的心理带来怎样的影响。

事实上，孩子的很多判断也许是错的，但是他们的感觉并没有错。孩子是通过感觉来感知世界的。刚刚出生几个月的婴儿，在长到一岁之前，不管拿到什么东西，都喜欢往嘴巴里塞，包括自己的手指脚趾，他们都要尝一尝。这是因为，他们用"口"来感知物体，了解物体。过了一岁之后，孩子的听力和视力都更敏锐，因而对外界的了解也更多。等到孩子已经能够完整地表达自己的所思所想时，他们很乐于表达。他们喜欢把自己看到的、听到的和想到的和爸爸妈妈分享。

孩子的很多举动是遵循他们自身发展的规律的，只有了解这些规律，爸爸妈妈才不会急着纠正他们，剥夺他们成长的权利同时，也会顺利走进孩子的内心世界。

然而，爸爸妈妈总是忽略孩子的这种发展规律，没有耐心听孩子讲

述，因为孩子经历的他们早在几十年前就经历过了，不再感到新鲜。不仅如此，他们还会以自己成长几十年的经历来批评和指正孩子。殊不知，经历错误也是孩子成长必不可少的阶段，即便是爸爸妈妈，也没有权利剥夺孩子于错误中成长的权利。从另一个角度来看，随着孩子渐渐长大，他们的自我意识越来越强，很乐于表达自己的意见和看法。当他们面对一件事情想要做出评判或者是选择时，爸爸妈妈却开始否定他们，说他们的想法是多么幼稚，做法是多么不可行。长此以往，孩子们怎么还有信心面对未来的人生呢？

民间有句俗语，不撞南墙不回头。教育孩子也是如此，即便爸爸妈妈再怎么掏心掏肺地拿出自己几十年的人生阅历来指导孩子，告诉孩子即将面临的危险，在孩子没有切身感受到危险时，他们也是不愿意相信的。既然如此，如果事情的结果没有那么可怕，为什么不让孩子亲身感受一下呢？这远远比爸爸妈妈在孩子的想法刚刚诉诸嘴上就迫不及待地否定来得更好。

人生就是用来经历的，不是吗？很多时候，爸爸妈妈的否定还会导致孩子变得更加叛逆，明明不是非做不可的事情，在爸爸妈妈表示反对之后，孩子反而非要坚持自己的想法，并且将其付诸行动，无论如何也不能顺从父母的安排。这就是事与愿违。

明智的爸爸妈妈不会马上否定孩子的话，而是委婉地提出建议，这样既不至于导致孩子刻意地背道而驰，也能够保护孩子脆弱的自信。否则，经常被否定的孩子会变得不敢表达自己的见解，甚至做事情也缺乏自信，唯唯诺诺。

六岁的娜娜很喜欢唱歌，没事的时候就会怡然自乐地放声高歌。有一天，娜娜正在唱歌，爸爸突然说："乖啊，别唱了，你五音不全，唱得实在太难听了。"娜娜不以为然，说："我喜欢唱歌，我唱歌很好听。"说完，她继续唱歌。

没过几天，爸爸听到娜娜唱歌，又说："你可真是随我啊，也五音不全，我们家就没有一个唱歌好听的。"这一次，娜娜伤心地说："爸爸，我唱歌不是很好听吗？"爸爸摇摇头，娜娜真的不再唱歌了。她幼小的心灵感到很自卑：我五音不全，五音不全是什么意思呢？我不知道。但是，我唱歌很难听。

有一次，班级里举行歌唱比赛，除了娜娜，全班同学都报名参加。老师问娜娜："娜娜，你怎么不报名参加歌唱比赛呢？"娜娜低着头，说："爸爸说我唱歌五音不全。老师，五音不全是什么意思？"看到娜娜自卑的样子，老师赶紧安慰她："娜娜，爸爸肯定说错了，或者他不会欣赏。其实，你唱歌很好听的，因为你的歌声很富有感情。比如，你唱《让我们荡起双桨》，让人感觉真的像是在划船一样舒服。""真的吗？老师，您说的是真的吗？我唱歌真的好听吗？"娜娜觉得简直难以置信。老师坚定地点点头。

在老师的鼓励下，娜娜报名参加了歌唱比赛。为了帮助娜娜重新树立唱歌的信心，老师特意评选她为二等奖。

后来，老师特意就此事与娜娜的爸爸进行沟通。老师严肃地说："娜娜爸爸，你差点儿让一个快乐的女孩一生都不敢再唱歌。"爸爸不知所以，说："我只是开玩笑，有这么严重吗？"老师一本正经地说："对你来说，你当然知道自己是在开玩笑。但是对娜娜来说，她所信任的爸爸说的话一定是千真万确的。"爸爸惭愧地说："老师，我以后一定注意和孩子说话的方式。"

如果不是老师及时发现娜娜不敢唱歌的原因，帮助娜娜重新树立唱歌的信心，也许她真的就一生与唱歌绝缘了。对于这样一个快乐的孩子，如果没有歌声陪伴，将会多么遗憾和寂寞！

爸爸妈妈们，对于孩子的一切事情都要认真对待。从爸爸妈妈口中说出的话，孩子们会视同圣旨。既然如此，我们为何还要随随便便地对孩子说出一些否定性的话呢？另外，当孩子说话的时候，千万不要急于否定孩子，否则孩子就会失去自信，身陷自卑的阴霾中。

听孩子说话的时候不要心不在焉

孩子在刚刚学会流畅地表达自己时，非常热衷于表达。尤其是在刚刚进入幼儿园的那个阶段，孩子突然从家庭走入学校，一定感到非常新鲜，充满好奇。每天放学之后，他像出笼的鸟儿一样飞出学校，投入妈妈的怀抱。接下来，妈妈只需要准备好耳朵，再适时给予他回应，他就会喋喋不休地开始讲述幼儿园里一天的生活。当然，不但有吃喝拉撒，也有他和好朋友闹别扭或者和好的桥段。在孩子心里，这一切都是那么神奇，因为这是他之前从未经历过的。

然而，对于很多妈妈来说，这只是了解孩子学校生活的一种途径，她们的心里并没有和孩子产生共鸣。很多妈妈常常心不在焉地听孩子说着，其实根本不知道孩子在说什么。虽然孩子小，但是却能够感受到妈妈的态度。当妈妈心不在焉的时候，他们诉说的热情就会减弱，甚至影响他们语言表达的能力。

当孩子进入小学之后，他认识很多字，开始自主读书。他读了很多课外书，看到好看的故事或者听到好玩的笑话，也会想要和爸爸妈妈分享。这时，如果爸爸妈妈忙于工作，往往一边工作一边听孩子说话。当孩子说完之后，向他们提出一个问题，他们却一脸茫然，根本不知道孩子在说什么。孩子该是多么伤心和失落！

　　每一个爸爸妈妈都在忙于工作，每一个爸爸妈妈都标榜自己是最爱孩子的，然而，他们总是无休无止地忙碌，忙着工作，忙着看电视，忙着聊天，忙着刷微信，根本没有独立的时间分享给孩子。这样的爱，完整吗？真正优秀的爸爸妈妈，每天都会抽出时间和孩子独处。他们在倾听孩子说话时，始终用慈爱的眼睛看着孩子，注意孩子在表达时任何细微的表情变化。这样的爸爸妈妈，才能真正走进孩子的心里，获得孩子的尊重和爱。

　　菠萝读小学一年级了，认识了很多字。他缠着妈妈给他买了一本笑话书，还买了一本关于脑筋急转弯的书。每天晚上吃完晚饭，妈妈开始看电视，菠萝就在一旁看书。

　　有一次，菠萝看到一个有趣的笑话，便喊妈妈："妈妈，妈妈，这个笑话特别有趣。"妈妈眼睛盯着电视，回应道："嗯嗯，你自己看吧。"菠萝继续喊道："妈妈，我讲给您听吧！"妈妈心不在焉地说："好的，你讲吧！"菠萝绘声绘色地讲完笑话，妈妈却无动于衷，没有丝毫笑意。菠萝生气地把书扔到地上，哭了起来。这时，妈妈才把眼睛转向菠萝，不知所以地问："宝贝，你为什么哭呢？"菠萝一边哭一边喊道："我辛辛苦苦地讲笑话给您听，您根本就没听。"看到菠萝的情绪那么激动，妈妈只好说："我听了，我听着呢！"菠萝可不好骗，他又喊道："我看了三遍笑了三遍，您听了，为什么没笑呢？您告诉我，笑话书里讲了什么？"妈妈哑口无言。

　　菠萝伤心地哭了很长时间。妈妈关掉电视，郑重地对菠萝说："宝贝，对不起。妈妈不应该只盯着电视，不听你讲笑话。这样吧，罚妈妈三天不许看电视，给你讲故事，好不好？"看到妈妈态度这么诚恳，还说要给自己讲三天故事，菠萝这才破涕为笑。

　　面对菠萝好心地讲笑话，妈妈却心不在焉，根本连听都没听，的确很让菠萝伤心。孩子刚认识一些字的时候会非常热衷于听故事、看书，也喜欢捧着书本给别人讲故事。作为爸爸妈妈，一定要保护好孩子的语言敏感期，给予孩子最大的关注，让他们保持对文字的热情。

　　爸爸妈妈们，你们的孩子此时是不是也处于语言敏感期呢？不管是与孩子交流，还是听孩子讲故事，你们一定要全神贯注，及时调动表情给予孩子回应啊！只有这样，孩子才会继续对文字保持热情，并且积极地以文字为媒介，与父母展开亲子互动。这样的陪伴时光于孩子而言，才是最珍贵的。

第六章

掌握沟通好时机，孩子才能听进去

古人云"天时地利人和"，意思是说，不管做什么事情，都要讲究时机，教育孩子也是如此。很多爸爸妈妈在教育孩子的时候，总是不选择时机，随意而为，导致孩子幼小的心灵受到伤害，甚至一生都有阴影。要知道，孩子虽然年纪很小，但却是独立存在的精神个体，也有自尊心，也爱讲面子。只有选择合适的教育方式，顾全孩子的颜面，教育才能事半功倍。

晨起不训子，一天好心情

常言道，一年之计在于春，一日之计在于晨。这句话的意思是说，一年之中最重要的季节是春天，一天之中最重要的时间是早晨。每天清晨起床，如果能够有个良好的计划，拥有充满能量的开始，那么一天就会有所收获。相反，假如清晨起床之后浑浑噩噩，根本不知道一天要做什么事情，而且心情沮丧，那么一天就很难有收获。其实，这个道理不仅适用于成人，也同样适用于孩子。

很多爸爸妈妈已经意识到，早晨叫醒孩子的时候一定要讲究方式方法，不能简单粗暴，打断孩子的美梦，使孩子一天都提不起精神来。因此，聪明的爸爸妈妈想出了很多好办法，例如，播放孩子喜欢的儿歌或者音乐，让孩子在音乐声中起床；再如，打开窗户让孩子呼吸新鲜空气，让孩子在清新的空气中睁开睡眼……的确，让孩子心情愉悦起床的方式有很多，然而，如果一不小心训斥孩子，这一切的努力都将付诸东流。

观察上班族的作息规律，我们不难发现，上班族爸爸妈妈只有早晨和晚上有时间和孩子相处。因此，很多爸爸妈妈会把前一天积累的问题，诸如孩子作业完成不好，孩子打人等，在次日清晨再次教育孩子，以起到巩固的作用。实际上，这对孩子心情的影响是很大的。要想让孩子拥有心情愉悦的一天，就应该在前一天彻底解决问题，而不要在孩子经过一夜睡眠之后的新的一天，训斥孩子。

晨起不训子，这应该是每一个爸爸妈妈都严格遵守的。在没有犯严重错误的情况下，爸爸妈妈应该尽力为孩子营造温馨的早晨，让孩子带着笑容起床，带着笑容吃早餐，高高兴兴地去学校。

今天早晨，老师发现闹闹进教室的时候，脸上挂着泪痕，这是明显哭过的痕迹。老师很纳闷，因为闹闹不止一次在早晨哭泣之后来学校，而且他一整天的心情都不好，上课也明显打不起精神。老师决定，要和闹闹的爸爸妈妈谈一谈。

老师联系闹闹妈妈，妈妈还以为闹闹在学校犯错了。她急急忙忙赶来学校，与老师面谈。等得知老师只是因为闹闹早晨哭过，所以找她交流时，她不以为意地说："这个孩子，早晨总是磨磨唧唧，我几次都因为他迟到。小孩子哭几声没什么，我记得我小时也总是哭着去学校。"老师看到闹闹妈妈居然毫不在意这个问题，不由得正色说道："闹闹妈妈，也许孩子在其他时候哭几声的确没关系。但是，闹闹是在早晨哭了。这样一来，他一整天的情绪都很低落，似乎沉浸在让他伤心的事情中，难以自拔。"妈妈不可置信地说："老师，你说得太夸张了吧。我记得我小时候哭过就哭过了，怎么会影响一整天的学习生活呢？"老师坚定不移地说："闹闹经常在早晨哭，我也观察了他很多次。他的确因此而郁郁寡欢一整天，学习效率低下，也不愿意融入集体生活。这件事情，我是非常认真严肃地和您反馈，希望能够引起您的足够重视。"

晚上，妈妈问闹闹："宝贝，今天上学开心吗？"小小年纪的闹闹，淡然地说："和每天一样。"妈妈又问："学校里有什么开心的事情吗？"闹闹想了想，摇摇头。妈妈引导闹闹："我听说，你们中午在教室里看动画片了，好看吗？"闹闹想了很长时间，才想起中午看的动画片的名字。

原来，他的确心不在焉。问到这里，妈妈开始相信老师说的话。第二天早晨，虽然闹闹吃衣服和洗漱的时候又很磨蹭，不过妈妈这次按捺住怒火，没有批评他。妈妈尽量说些让闹闹开心的事情，闹闹果然心情不错。

如此坚持一段时间，老师告诉妈妈，闹闹现在每天都心情不错，上课时注意力也更加集中了。

大多数孩子并不喜欢起床、穿衣和洗漱这套程序。因此，他们在做这些事情时总是尽可能磨蹭。遗憾的是，闹闹妈妈是个急脾气，而且不懂得孩子的心思。在看到闹闹磨磨蹭蹭时，她总是情不自禁地训斥闹闹，导致闹闹经常在早晨遭到批评，哭哭啼啼地去学校。试想，如果早晨就哭过，一整天的心情还会好吗？幸好老师及时和妈妈沟通，让妈妈意识到问题的严重性，妈妈这才改变方法，不再在清晨训斥闹闹。

爸爸妈妈们，在紧张而又忙碌的早晨，你们是否也会因为各种各样的原因训斥孩子呢？看到闹闹的经历后，你们可要及时反省自身，不要再犯和闹闹妈妈一样的错误了！晨起不训子，很多事情都可以改变方式解决。当孩子无理取闹或者缺乏自制力时，事情其实并没有紧急到要在早晨就训斥他们，不如找一个合适的时机教育孩子。

晚餐时的其乐融融

现代社会，生活节奏越来越快，每天早晨，全家人就像是即将奔赴战场的斗士，个个精神抖擞，行色匆匆。以一个三代人的家庭为例，爷爷奶奶起得最早，会提前为全家人做好早餐。他们有的时候会提前吃饭，然后再为着急上班的男主人把饭盛到桌子上待其到合适的温度，以便男主人以最快的时间吃完早餐。然后才是妈妈和孩子。妈妈不停地催促孩子赶紧穿衣起床洗漱，又催着孩子赶紧吃奶奶精心准备的鸡蛋、面包和牛奶，然后，妈妈也囫囵吞枣吃点东西，就送孩子去学校，自己也顺路去工作单位。这样的一个早晨，全家人忙得几乎没有时间交流，除了催促孩子的声音，几乎听不到其他声音。那么，一家人交流的时间在哪里呢？

如果男主人没有应酬，晚餐通常是一家人团聚在一起用餐的时间。其实，晚餐并不仅仅是吃饭，还是家庭成员维系感情的纽带。例如，晚餐时分，爸爸和妈妈会向全家人说说一天的见闻，孩子也会把在学校里发生的开心或者不开心的事情与家人分享。爷爷奶奶呢，看到全家人其乐融融地围坐在餐桌旁享用他们精心准备的晚餐，自然是心满意足。相反，如果男主人在外面有应酬，妈妈接了孩子也在外面饭馆吃饭，那么爷爷奶奶就会随便吃点儿，敷衍晚餐。如此一来，大家回到家里洗漱完毕，或者回卧室，或者回书房，根本没有交流的机会。这样的家未免太过冷清。

爸爸妈妈如果想与孩子沟通，也可以选择晚餐时段。面对着温暖美味的食物，孩子们紧张的心情也会放松下来。如果爸爸妈妈再采取合适的方式，引导孩子表达自己的内心，那么气氛将会更加融洽。聪明的爸爸妈妈，不会舍弃晚餐时段与孩子交流的机会，因为这是爱的时段，是温暖的时光。

一直以来，爸爸和朱朱的关系都很紧张。也许因为朱朱从小是由妈妈抚养长大的，爸爸忙于工作，很少有时间关心朱朱，所以朱朱和爸爸一点儿都不亲。然而，为了发展事业，妈妈不得不去美国进修一年时间。因此，照顾朱朱的任务理所当然地落到爸爸身上。爸爸不知道如何与朱朱交流，即便他是出于好心想和朱朱聊天，朱朱也会以沉默或者生硬的回答作为回应。爸爸很苦恼，只好向大洋彼岸的妈妈求助。

妈妈告诉爸爸可以尝试着为朱朱做他喜欢吃的饭菜，然后在晚餐时段聊一聊。爸爸问："聊什么呢？"妈妈笑着说："亏你还是个爸爸呢，儿子都十岁了，你居然不会和他聊天。聊什么都可以啊，问问他喜欢不喜欢踢足球，想不想在开学前去看场电影，或者想不想吃比萨……总而言之，一切问题都可以，只要让朱朱乐于回答就行。"

在妈妈的指导下，爸爸经过观察，发现朱朱最喜欢吃西红柿炒鸡蛋。因此，今天的晚餐就从西红柿炒鸡蛋开始。爸爸问："朱朱，我做的西红柿炒鸡蛋怎么样？"朱朱看了看爸爸，说："还不错。不过，没有妈妈做得好吃。""哦，那是为什么呢？这可是我研究菜谱之后才做出来的。"朱朱笑了，说："妈妈有秘诀，要把西红柿放在沸水里焯一下，然后去皮……"就这样，父子俩你一句，我一句，围绕着西红柿炒鸡蛋谈论了很长时间。

常言道，一回生，二回熟。在每天晚上的餐桌上，爸爸总是能够找到朱朱感兴趣的话题，勾起朱朱的谈兴。等到妈妈进修一年回家的时候，朱

朱俨然已经和爸爸变成了无话不谈的好朋友。看到爸爸把亲子关系处理得这么融洽，妈妈问爸爸是怎么做到的，爸爸说："当然是遵从你的旨意，抓住每天晚餐时的亲子黄金时间。"

在面对美食时，人们自然而然地会放松自己。当然，和谐融洽的交谈氛围依然需要爸爸妈妈用心营造。

首先，应该从孩子喜欢的话题开始。当然，如果孩子主动开口，那么爸爸妈妈一定要积极回应，让孩子保持谈兴。其次，爸爸妈妈应该创造愉悦的氛围。有些孩子看到爸爸妈妈会感到紧张，尤其是在和爸爸妈妈交谈时，生怕自己哪句话说错了。要想解决这个问题，爸爸妈妈就应该学会控制自己的情绪，允许孩子自由地表达自己的意见和想法。实际上，孩子们在经历一天的学校生活后，总会有很多感触想要与人分享。如果能够打开孩子的心扉，把每天的晚餐时间都变成亲子交流的黄金时段，那么亲子关系一定会更加亲密无间。

也许很多爸爸妈妈都会说自己和孩子之间存在代沟，其实，生活中的忘年交并不少见。只要爸爸妈妈摆正心态，以包容之心接纳孩子的各种见识和见闻，代沟就会不复存在。爸爸妈妈们，从现在开始，好好经营晚餐时段吧，相信一定会有喜出望外的收获！

人前不教子，孩子比你想的爱面子

在很多爸爸妈妈眼中，即使孩子从呱呱坠地的婴儿，已经变成了半大小伙子，或者变成了一个成熟的男人，他们也依然觉得孩子永远都是孩子。其实，这种心理无非是爸爸妈妈不想让孩子长大的体现。不管爸爸妈妈如何留恋孩子的幼年时光，随着时间的流逝，孩子还是不可抗拒地长大了。

当他们从婴儿阶段进入幼儿阶段时，他们就已经不再是那个只知道吃喝拉撒的小生命，而变成了独立存在的个体。虽然他们依然要依附于爸爸妈妈提供生存的物质条件，但是他们开始拥有自己的思想和尊严。细心的爸爸妈妈会发现，即便孩子只有一岁多，如果爸爸妈妈突然板起面孔对待他，他也会哇哇大哭，似乎受到了天大的委屈。这是因为，爸爸妈妈的冷眼相对，使他们觉得自尊心受到伤害，失去了面子。

这么小的幼儿尚且如此，更何况是长大了的儿童或者少年呢？即便很多爸爸妈妈都觉得孩子无所谓自尊，又认为老子教训儿子是天经地义的事情，也依然改变不了孩子爱面子的事实。古时候曾经有句话，叫"人前训子，人后训妻"。这句话的意思是说，小孩子不讲究面子，可以当着他人的面训斥；妻子则不同于孩子，即使妻子身上有缺点，或者做事情不得当，也应该在背着人的时候教训，不可让妻子失去面子。放在现代社会，这句话应该改成"人后训子，人后训妻"。即便是孩子，也是有自尊心的，也同样爱面子。因此，也不能当着别人的面训斥。

今天，妈妈带着丝丝去小姨家做客。到了小姨家，丝丝吵着要吃糖果，让妈妈很难堪。虽然妈妈小声教育丝丝不要吵闹，但是丝丝却依然如故。得知丝丝想吃糖果，小姨马上拿出一大盒巧克力送给丝丝，这让妈妈觉得很没面子。她抬高嗓门，说："丝丝，妈妈不是告诉过你不要向别人要东西。咱们是来小姨家做客的，你怎么能向小姨要东西呢？你这么做，以后小姨就不欢迎你来了。你就只能自己留在家里，妈妈也不愿意带你出来。"

虽然丝丝只有四岁，但是看到妈妈严肃的表情，丝丝还是意识到妈妈非常生气。她原本剥了一块巧克力放在嘴里，现在却把巧克力吐了出来，哭着说道："我不吃了，我不吃了。"看到丝丝被训哭了，小姨责备道："姐，你干什么呀？孩子才四岁，她只知道想吃什么就说出来，哪里知道那么多礼节客套呢！恰巧我家有，你让她吃就是了，偏偏把她说哭。你这样，孩子会觉得很没面子的。"妈妈不以为然地说："只是个小屁孩，哪里知道面子不面子的！"小姨可不赞同，她纠正道："小孩子也是有自尊的，丝丝哭得这么伤心，一定是你伤害她的自尊心了。"哄好丝丝之后，妈妈带着丝丝回家了。

又一个周末，妈妈提出带丝丝再去小姨家玩，不想，原本很爱去小姨家的丝丝死活也不愿意去。这让妈妈百思不得其解。在和小姨通电话时，妈妈告诉小姨："丝丝不想去你家玩，不知道怎么回事。"小姨一下子想到原因，说："姐，你上次当着我的面训斥丝丝，让她觉得很没面子，所以她不好意思再见我了。"时隔很久，丝丝才渐渐淡忘上次的事情。从此以后，妈妈再也不当着他人的面训斥丝丝了。

在上述事例中，丝丝虽然只有四岁，却因为被妈妈当着小姨的面训斥，再也不想去小姨家里玩耍。这就是丝丝的面子受到伤害的表现。看来，小姨说的是对的，小孩子也有自尊心，作为爸爸妈妈，千万不要当着他人的面训斥孩子。

现在的孩子，身体发育快，心理成熟也早。如果还认为孩子是懵懂无知的，那就太落伍了。

然而，再乖巧的孩子也有调皮捣蛋的时候，也会惹爸爸妈妈生气。明智的爸爸妈妈无论怎么生气，也会等到没有外人在场的时候再和孩子讲道理，而不会不分场合地训斥孩子。只有帮助孩子树立自尊心，爱惜孩子的面子，孩子才会更加自律，更加努力地提升自己。

不要揪着错误不停说教

这个世界上，没有任何孩子在成长的过程中不犯错误。每当孩子犯错，大多数爸爸妈妈的教育方法就是说教。这些爸爸妈妈幼稚地以为，只要再三提醒，孩子就一定不会再犯相同的错误。其实，这样的做法完全是错的。一旦孩子犯错，就揪着错误不放，只会使孩子越来越难以管教，甚至还会使孩子产生逆反心理，故意与爸爸妈妈的教诲背道而驰。

明智的爸爸妈妈会给予孩子应有的尊重，引导孩子说出那么做的理由，从而了解孩子内心深处真实的想法，再以合适的方式引导孩子，最终获得孩子的信任。有谁喜欢被否定呢？不停说教，无异于一次又一次揭孩子的短，让孩子意识到他曾经犯错，他的身上存在着难以饶恕的过失或者是缺点。如此一来，孩子必然失去信心，变得自暴自弃。

有的时候，孩子之所以犯错，并非是因为他们故意为之，而是天性使然。爸爸妈妈应该多多阅读相关书籍，了解孩子身体成长和心理发育的规律。唯有如此，才能理解孩子在不同年龄段的特殊表现。为了使亲子之间的误解少一些，爸爸妈妈应该多给孩子机会解释。如果只是爸爸妈妈一味地说教，终究不能走进孩子的内心。

从这个角度来说，爸爸妈妈说教，不如听孩子倾诉。纵观那些在人生中有所建树的名人，他们的童年一定不是在爸爸妈妈说教中度过的。相反，他们的爸爸妈妈往往非常认可他们，即便他们受到他人的质疑，爸爸妈妈也一定坚定不移地站在他们身边。爸爸妈妈与其说教，不如多多发掘孩子身上的优点，让孩子拥有自信，把一切事情都做得更好。

上次考试，伟伟忘记带铅笔盒了。原本，妈妈可以借此机会告诉伟伟应该在考试前检查铅笔盒等必备用品，然而，妈妈却没有这么做。她对伟伟说："哎呀，我就一次不提醒你，你就丢三落四。以后，我再提醒你，你可别嫌烦。"就这样，每次考试之前，妈妈都会替伟伟检查书包。

期末考试前夕，不巧的是，妈妈因病住院。此时，已经读六年级的伟伟还是忘记准考证了。当妈妈责怪他时，他却说："谁让您生病生得不是时候。您每次都替我检查是不是带齐，我当然不会自己再去看。"

虽然伟伟的话是在抱怨妈妈，但是并非没有道理。妈妈长期喋喋不休地说教和代劳，让伟伟再也不想自己操心。他放心地把一切交给妈妈，却没想到妈妈在他期末考试前夕因病住院。实际上，如果妈妈能够想得更加长远一些，就应该在伟伟第一次忘记带铅笔盒的时候告诉伟伟：你必须记得自己整理考试的用品，不然，下次忘记带东西后果更加严重。对于孩子而言，只有让他们学会为后果负责，他们才能更加用心地对自己的行为负责。

为了避免养成孩子的依赖性，也为了避免孩子们不能自理，爸爸妈妈们一定要狠下心来，让孩子学会为自己的生活和学习负责。此外，有些爸爸妈妈在说教孩子时，总是居高临下，毫不留情。这样的说教，迟早会伤害亲子感情。即使爸爸妈妈是为孩子好，孩子也会因为这种说教，而从感情上疏远爸爸妈妈。教育的方式多种多样，父母应该选择最合适的方式，教育孩子，引导孩子，帮助孩子健康成长！

孩子沮丧时，要走进他的心里去

人有七情，喜、怒、忧、思、悲、恐、惊。在生活中，很少有人每天都是阳光灿烂的笑脸，因为人生不如意十之八九，所以我们在高兴之余，常常还会有愤怒、忧伤的情绪。对于成人来说，升职加薪不能如意，孩子考试成绩不够优秀，爱人在事业上总是踟蹰不前，都会让我们感到沮丧。然而，我们却常常忽略，无忧无虑的孩子也会有沮丧的时候。

很多父母会说，孩子有吃有喝，也不用为生计奔波忙碌，有什么好沮丧的呢？实际上，孩子虽然很小，还没有进入社会生活，但是也有沮丧的时候。在你爸爸妈妈眼中那些不值一提的小事，诸如孩子和好朋友闹别扭，丢失了一个心爱的玩具，失去了一次当班长的机会等，在孩子心里都是大事，都会让他们陷入沮丧的情绪之中。

很多粗心的爸爸妈妈不了解孩子的生活，不知道在孩子的生活中发生了什么事情，也因为感情不够细腻，无法及时体察孩子的情绪，因而根本不知道孩子是否沮丧。偶尔孩子变得沉默，或者情绪突然消沉，他们也觉得是正常的表现。要想成为合格的爸爸妈妈，就要细心体察孩子，关心孩子的生活，体察孩子的情绪。

当孩子沮丧时，他们会感到非常孤独。这时，爸爸妈妈应该多和孩子沟通，走进孩子的心里，帮助孩子消除负面情绪。

莎莎一直是妈妈的骄傲，她那么美丽，那么优秀，尤其是当她翩然起舞时，简直就像小公主降临人间。进入小学后，莎莎的舞蹈天赋得到很大的展示，每次学校有演艺节目，都会让莎莎独舞一曲。然而，在前段时间，莎莎代表学校参加舞蹈比赛，却没有取得好的名次，这让莎莎万分沮丧。

看到莎莎失落的样子，妈妈安慰莎莎："莎莎，妈妈知道你很难过，妈妈也很难过。"莎莎伤心地看着妈妈，说："妈妈，我已经很努力了。"妈妈抚摸着莎莎的头，说："我当然知道。我还知道，你难过不是因为自己没有取得好名次，而是因为没有为学校争得荣誉。"看到妈妈如此理解自己，莎莎似乎觉得心里好受些了。

她拿出自己每次表演的照片，问："妈妈，我真的跳得很好吗？"妈妈毫不迟疑地说："当然，你就像白天鹅一样美丽，婀娜多姿。"莎莎又问："那么，评审老师为什么不喜欢我呢？"妈妈语重心长地说："莎莎，不是因为你不够优秀，而是因为优秀的人太多。舞台不可能永远属于一个人，这次比赛不同于平时的才艺表演，所以竞争更加激烈。每个孩子都拿出自己的最高水平，而且，评审老师也会有主观的喜好。所以，你不必伤心。只要你愿意为学校争得荣誉，还可以继续努力练习。妈妈相信，你早晚有一天会实现梦想的。"听了妈妈的话，莎莎似乎找回了信心。她大声说："妈妈，我会的！"尽管莎莎的情绪依然不高，但是妈妈感受到她已经不再那么沮丧了。

莎莎因为舞蹈比赛没有取得好名次而失落，妈妈首先表示出她和莎莎一样难过。然而，生活就像一条大河，不管我们是否愿意，它始终缓缓向前流淌。只有摆脱沮丧情绪，继续大步向前，我们才能迎来美好的未来。妈妈让莎莎知道，一个人不可能永远在舞台上璀璨夺目，必须继续努力，

才能实现梦想。

　　对于沮丧的孩子而言，最重要的不是空洞的激励和赞赏，而是能够有一个人理解他的伤心难过，体谅他的心情。爸爸妈妈们，当孩子陷入沮丧之中时，千万不要忙着寻找孩子失败的原因，或者一味地激励孩子。要知道，沮丧的孩子也是孤独的，他们需要的是一个理解他们的人。只有真正的理解，才能叩开他们的心门，走进他们的心里。

游山玩水的课堂

　　孩子们在学习方面的天赋是不一样的，也许有些孩子很适合学习，学习上能轻轻松松取得优秀的成绩，而有些孩子则对学习缺乏兴趣，反而偏好艺术或者运动。如果每个爸爸妈妈都能认真了解孩子的优势和特长，对孩子因材施教，而不是盲目地要求孩子在学习上出人头地，也许就会多一些快乐的孩子，少一些忧愁的孩子。

　　随着社会的发展，人们的观念也更加开放。包括在对于孩子的教育上，爸爸妈妈也越来越容易接受新观念。因此，渐渐有些爸爸妈妈不再一味地要求孩子必须取得高分，而是能够客观认知孩子的能力，帮助孩子扬长避短。由于教育方式的多种多样，爸爸妈妈也不再把教育孩子的场所局限于学校。有些爸爸妈妈更加重视带孩子看世界，游览名山大川，也许这是因为他们知道，读万卷书不如行万里路。真正的教学，在生活中，在旅途中，而不是在一成不变的课堂里。

　　小小很不喜欢学习，只喜欢玩耍。几乎每个在学校的日子，她都会找出各种各样的理由逃课，甚至是逃学。对于小小的这种状态，老师和小小妈妈沟通了很多次，妈妈也使用了各种方法教育小小认真上课，却收效甚

微。小小总是说:"我不喜欢上课,我只喜欢玩。"

一个偶然的机会,小小爸爸看到国外的爸爸妈妈带着孩子环游世界,不由得也动了心思。小小爸爸是一名火车司机,每天都开着火车在既定的轨道上运行,早就厌倦了这样的生活。他想:我为什么不能带着小小周游世界呢?她是那么爱玩。经过慎重思考,小小爸爸决定带着小小出去玩一年,把国内国外都转个遍。刚开始时,小小妈妈强烈反对,因为休学一年,会让小小整个人生都比同龄人晚一年。然而,在爸爸的说服下,妈妈觉得晚一年也没关系。就这样,妈妈也辞掉工作,一家人开始筹划环球旅行。

旅行的过程当然有喜也有乐,甚至还有惊险的时刻。然而,小小在这一年的旅程中变得沉静了。她甚至能够整个下午都坐在岩石上看夕阳。看到小小的改变,爸爸妈妈发自内心地高兴。在旅行过程中,爸爸随时都会给小小讲授知识,或者是中国的文人墨客旅游的见闻,或者是世界历史中的精彩时刻。虽然小小一年没有上学,但是她的眼界更加开阔,思维更加敏捷,思想也更有深度。就连老师看到小小,也说她变化特别大,明显变得沉静而又深邃。

学校,并不是孩子接受教育的唯一场所。很多时候,在生活中,在旅行途中渗透的教育会更加深入孩子的心灵,让孩子真正成长起来。事例中的小小,原本非常浮躁,恨不得马上挣脱学校的牢笼。在经历一年的旅行之后,她长大了。

当然,并不是让每个爸爸妈妈都辞掉工作,带着孩子环游世界。归根结底,这么做需要莫大的勇气,并非人人都能放弃现有的一切。然而,利用节假日的时间,带着孩子走走看看,还是非常可行的。假期短,可以爬爬附近的小山,让孩子吸取天地的灵气;假期长,可以带着孩子走远一些,感受天大地大的开阔。总而言之,只要爸爸妈妈有心,就可以带着孩子出去旅行,开阔孩子的眼界,打开孩子的心灵!

用讲故事的方式引导孩子

每当孩子犯了错误，很多爸爸妈妈都会直接指出孩子的错误，甚至给予孩子严厉地批评。这么做虽然可以直截了当，但是如果孩子自尊心受损，或者产生逆反心理，那就得不偿失了。

其实，孩子也是可以自己醒悟的，前提条件是爸爸妈妈给予正确的引导。孩子一旦自己醒悟错误就会更加深刻地认识到错误，从而发自内心地完善自己。例如，当孩子犯错，爸爸妈妈可以举例子给孩子听，让孩子推己及人；再如，孩子犯错之后，爸爸妈妈也可以佯装不知情，然后有意识地给孩子讲故事，用故事中的道理点拨孩子。等到孩子意识到自己的错误，并且主动承认错误时，爸爸妈妈再适当地给予肯定，强化道理。这么做，孩子会更加心悦诚服。

其实，很多爸爸妈妈都会给孩子讲故事。从孩子两岁左右，为了启发孩子的心智，锻炼孩子的语言表达能力，有心的爸爸妈妈会坚持给孩子讲睡前故事。这无疑是亲子的黄金时光，因为听完故事的孩子会主动思考故事的内容，爸爸妈妈如果抓住这个时机给孩子讲道理，一定会事半功倍。

当然，以讲故事的方式教育孩子，一定要用引导的方法。所谓引导，就是点拨，而不是说透。点拨不同于灌输，它的优势在于把道理隐晦地告诉孩子，让孩子自己领悟。儿童教育学指出，孩子对于任何事情都有一个接受和内化的过程，引导孩子，让孩子醒悟，孩子就自主完成了接受和内化的过程，比生硬的灌输好得多。爸爸妈妈们，你们是否已经准备了足够多的故事，来应付状况百出的孩子呢？

有一次，妈妈带列宁去姑妈家做客。妈妈和姑妈一起在厨房做饭，列宁和哥哥姐姐在客厅玩得很高兴。突然，他一不小心把花瓶打碎了。

看到破碎的花瓶，姑妈问："孩子们，是谁把花瓶打碎了？"哥哥摇摇头，姐姐也摇摇头，列宁很想承认，但是又担心受到责备，因此像哥哥姐姐一样也摇了摇头。但是，站在一旁的妈妈看到列宁满脸通红，又想到列宁在家里就经常因为贪玩打碎东西，就猜到花瓶是列宁打碎的。不过，当着姑妈和哥哥姐姐的面，妈妈没有拆穿列宁的谎言。她很担心：列宁从来不撒谎，这次是怎么了？

回家之后，妈妈也没有批评列宁，更是没有提起姑妈家破碎的花瓶。她像往常一样疼爱列宁，因为妈妈相信，列宁一定会主动承认错误的。不过，从回家之后，妈妈就经常给列宁讲故事。故事都是关于诚实的，列宁听了心里很难受。终于有一天，在妈妈又开始讲故事时，列宁突然大哭起来。他对妈妈说："妈妈，对不起，我欺骗了姑妈，也欺骗了您。花瓶是我打碎的，但是我撒谎了。"看到列宁痛苦的样子，妈妈欣慰地说："好孩子，虽然你打碎了花瓶，但是只要你写信向姑妈承认错误，我想姑妈不会怪你的。"就这样，列宁当即起床，坐到书桌旁，开始给姑妈写信。在信里，他不但承认了错误，还再三向姑妈道歉，请求姑妈的原谅。姑妈很快就回信，赞赏列宁的诚实。从此以后，列宁再也没有撒谎。

列宁因为害怕，没有当着姑妈的面承认错误。妈妈为了保全列宁的自尊，并没有当场揭穿列宁，而是在回家之后煞费苦心地给列宁讲故事。妈妈的心思没有白费，列宁在故事的启发下，终于认识到自己的错误，主动向妈妈认错，并且写信求得姑妈的原谅。这样漫长的心路历程，恰恰是列宁自我反省和勇敢承担责任的过程。

　　爸爸妈妈们，在养育孩子的过程中，除了撒谎，你们一定还面对过其他难题。当问题不是那么急迫时，与其当众严厉而又生硬地批评孩子，不如给孩子一定的时间，用故事启发孩子认清道理，承担责任。这样的方法，虽然历时漫长，但是对孩子的成长有很大的好处。

第七章

表扬不空泛，夸出好孩子

现代社会的家长懂得更加科学地对待孩子，常常表扬孩子，以求让孩子在赞赏中成长，变得积极乐观，充满信心。当然，表扬和赞赏孩子是必需的，不过，也要讲究方式方法。很多爸爸妈妈在表扬孩子的时候总是说"你太棒了！""你很优秀！""你是最棒的！"诸如此类空泛的话，孩子刚刚听到的时候也许还会高兴，听得时间长了，就会觉得没有意义，表扬也就失去了效果。那么，如何表扬孩子才更有效呢？让我们一起来学习吧！

别人夸孩子，无须当谦谦君子

因为受两千多年以来儒家文化的影响，很多中国人在根子里都有谦虚的本性。有的时候，我们明明欣喜若狂，却还要佯装平静；有的时候，我们非常骄傲，却依然要不断地说着谦虚的话。这样的习惯传承下来，即使别人夸赞我们的孩子，我们也会帮助孩子自谦一番。

殊不知，社会在发展，很多观念都在改变。如果他人同时当着爸爸妈妈和孩子的面赞赏孩子，孩子正在高兴，爸爸妈妈却不由分说地谦虚："哪里哪里，他呀，也就是在学校比较听话，在家里其实是个调皮蛋！""他学习也一般，没你想得那么好，这次考试只是碰巧而已。""他的性格也是很执拗的，什么事情都要顺着自己的心意来，在学校里是故意表现得顺从。"这样的谦虚之词，当着孩子的面说出来，会在转眼之间让孩子的内心受到深深的伤害，孩子小小的心灵无论如何也想不明白：也许是我真的很差，不然别人都夸我了，爸爸妈妈为什么说我不好呢？经常这么想，原本优秀的孩子就会产生挫败感，甚至退步。

谁不喜欢听到夸奖呢？对于有些自尊心比较强的孩子来说，他们之所以那么努力，很多时候就是为了得到他人的认可，尤其是爸爸妈妈的认可。在孩子心里，爸爸妈妈说的话是非常具有权威性的。因此，爸爸妈妈

一定要改变心态，当着孩子的面，一定要客观地接受他人对孩子的夸奖，不要盲目谦虚，伤害孩子脆弱的心灵。大多数情况下，孩子的信心就来自于爸爸妈妈的褒奖。当爸爸妈妈全身心地爱孩子时，又如何不能付出这样真诚的赞赏呢？

乐乐是个非常懂事的孩子，自从上了一年级，在学习方面就从来没让妈妈操过心。这次期末考试，乐乐是全年级唯一考三个一百分（语文、数学、英语）的孩子。放学路上，妈妈牵着乐乐的手，乐乐背着书包，高兴得蹦蹦跳跳。

走着走着，她们遇到了同学孙宇。孙宇妈妈此时已经知道了考试成绩，当然也知道了全年级唯一的"三百分"乐乐。因此，她羡慕地对乐乐妈妈说："乐乐妈妈，你真是好福气啊！你看看你这个大儿子，不但长得高大帅气，而且学习上也是名列前茅。你可真是太幸福了。"看到孙宇妈妈羡慕的神情，乐乐妈妈不好意思地笑笑，说："哪里啊，我家这也是个皮小子，写作业也经常需要督促呢！这次考试赶巧了，都得了满分。我倒是羡慕你呢，你家孙宇不胖也不瘦，我家乐乐有些太胖了。"虽然知道乐乐妈妈是谦虚的话，孙宇妈妈听了还是很高兴，说："乐乐也不胖，他比较壮实。我家孙宇爱运动。"这时，妈妈对乐乐说："乐乐，你可要像孙宇学习啊，也要热爱运动，锻炼身体。"此时此刻，乐乐已经很生气了。

孙宇妈妈离开之后，妈妈又想牵着乐乐的手，不想，乐乐却把她的手甩开了，并且气愤地说："您不是说我不好嘛，您为什么不把孙宇带回家当儿子啊！"妈妈不明所以，问："怎么了，刚才还高高兴兴的？"乐乐委屈地哭起来，说："我考了三百分，也不如孙宇，对吧？"妈妈这才意识到乐乐生气的原因，赶紧解释："你这个傻孩子，你考了三百分，妈妈当然非常高兴。妈妈刚才那么说，都是为了安慰孙宇的妈妈呀！""但是我明明考了三百分，您还说我不好！"乐乐依然愤愤不平。尽管妈妈解释了半天，告诉乐乐那么说只是谦虚，乐乐还是情绪低落，明显不如遇到孙宇妈妈之前高兴了。

这件事情让妈妈意识到，当着孩子的面，即使别人夸孩子，也不能盲目谦虚，否则就会伤害孩子。妈妈决定，以后如果有人再夸奖乐乐，她一定不会谦虚，而是骄傲地说："我儿子的确很棒，我很为他骄傲！"

和乐乐妈妈一样，很多爸爸妈妈在他人当面夸奖孩子时，都会毫不犹豫地马上变成谦谦君子，找出各种理由说孩子的短板。其实，这样对孩子的伤害是很大的。孩子还小，只知道事实，也无法分清楚自谦之词。这么做，不但会让他们感到沮丧，也会打击他们的信心。

现代社会教育观念越来越先进，作为爸爸妈妈，也应该与时俱进，客观评价孩子。当孩子有了值得夸奖的地方，要毫不吝啬地赞美孩子，认可孩子，这样才能帮助孩子树立自信心。

借他人之口夸赞孩子

　　民间有句俗语，外来的和尚会念经。实际上，并不是外来的和尚真的会念经，而是外来的和尚很少来念经，所以人们更喜欢听而已。把这个道理放到亲子教育上，不难发现，虽然很多爸爸妈妈经常不遗余力地夸赞孩子，但是孩子的耳朵似乎已经听出了老茧，对爸爸妈妈的夸奖充耳不闻。相反，如果他人偶尔夸奖孩子一次，孩子就会变得非常兴奋，而且会因为这份夸奖而更加努力地表现，以期望得到更多的夸奖。尤其是当孩子得到他平日里重视或者尊重的人的夸奖时，简直就会喜出望外，整个人也像是变了一个人，无限放大自己的优点。这样的夸奖，会成为孩子努力的推动器，不断激励孩子继续提升和完善自身。

　　究其原因，孩子是爸爸妈妈辛辛苦苦抚养长大的，因此爸爸妈妈看孩子是越看越爱，越看越好。也因此，爸爸妈妈夸奖孩子时，也许带着天生的偏爱。换言之，即使孩子有些地方不够好，在爸爸妈妈眼中也是完美的。基于这个原因，孩子更愿意得到客观公正的评价，得到他人没有任何偏爱的夸奖。他们会觉得，这样的夸奖是因为他们确实很优秀，别人才会给予的。其实，孩子这么想也是有道理的。

　　理解其中的原因后，如果爸爸妈妈能够洞察孩子的心理，假借他人之口夸奖孩子，那么孩子就会多了一个推动器，力争把自己变得更优秀。例如，爸爸妈妈想让孩子看更多的课外书，就可以在孩子面前说："宝贝，今天老师给我打电话，说你是全班看课外书最多的同学，知识面非常宽！"再如，爸爸妈妈想让孩子和小朋友友好相处，不一定要不停地说教，而可以说"宝贝，你们班的洋洋妈妈说，你对洋洋非常照顾，在班级里人缘最好！"诸如此类夸奖的话，虽然是由妈妈说出来的，实际上给孩子的感觉是出自他人之口，因此他们会按照这样的夸奖，努力提升自己。

周末的一天，喆喆陪妈妈在家打扫卫生。卫生刚刚打扫完，小姨来了。看到家里窗明几净，小姨不由得说道："姐，你家也太干净整洁了！"妈妈骄傲地说："都是喆喆的功劳啊，如果不是他帮我扫地拖地，收拾东西，我可得累坏了。"听到妈妈当着小姨的面夸奖自己，喆喆高兴极了。他主动拿出果汁，给小姨倒了一杯，还去厨房洗苹果、梨子等水果，端出来给小姨吃。中午吃饭时，喆喆抢着帮小姨盛饭，还把自己最爱吃的蜂蜜鸡翅，夹给小姨。看到喆喆这么懂事，妈妈很欣慰。

小姨走后，妈妈抚摸着喆喆的头，说："宝贝，你长大了。刚才，小姨还夸你呢，说妈妈有福气，喆喆不但帮妈妈做家务，还很会招待客人，又大方，又热情，把小姨照顾得非常周到。"喆喆的眼睛里闪耀着兴奋的光芒，他问："妈妈，小姨真的这么说了吗？""当然！"妈妈毫不犹豫地回答，"妈妈真为你骄傲，你可要再接再厉啊！""放心吧，没问题！"喆喆俏皮地给妈妈行了个军礼。在得到小姨的夸奖之后，每当家里来客人，喆喆都非常礼貌热情地招待。

当然，喆喆也是有小小缺点的。例如，在和小朋友相处的时候，他总是小心眼。看到喆喆自从得到小姨的夸奖后变得更加热情大方，妈妈不由得计上心来。一天放学，妈妈接了喆喆回家。路上，妈妈高兴地问："喆喆，你最近是不是和洋洋玩得很好啊？"喆喆点点头，说："嗯，我们是好朋友。"妈妈装作恍然大悟的样子说："难怪呢，今天我碰到洋洋妈妈，她还表扬你了呢！""哦。"喆喆显然不知道洋洋妈妈为什么要表扬他。妈妈继续说："洋洋妈妈说，喆喆非常大度，和洋洋在一起玩的时候总是让着洋洋。有的时候，洋洋遇到困难，喆喆还主动帮助洋洋呢！"听了妈妈的话，喆喆高兴地笑了，他不好意思地说："我们是好朋友，我应该友好，也应该帮洋洋。"果然，喆喆在此之后和洋洋的关系更好了，偶尔和洋洋有矛盾，也会主动谦让。

在发现借他人之口表扬喆喆效果非常好之后，妈妈灵活机动，继续借他人之口表扬喆喆，以激励喆喆改正缺点，发扬优点。事实的确如此，既然这么做能够帮助孩子更好地提升自己，完善自己，何乐而不为呢？

爸爸妈妈们，如果你们发现自己的表扬在孩子那里已经收效甚微，不妨试着采取借他人之口的方法表扬孩子，也许会有意料之外的收获！每个孩子都希望得到他人的肯定和赞赏，只要找对方法，赞赏就会成为激励他们努力的推动器，让他们变得更加优秀！

分数不是表扬孩子的唯一理由

随着生存压力的增大，成人肩上的担子越来越重。他们不但要照顾年迈的父母，还要抚养年幼的孩子，更要在工作上表现出色，才能为家人创造更好的生活条件。也许是因为没有足够的信心面对未来的生活，他们在不知不觉中把压力转嫁到孩子身上。多少爸爸妈妈望子成龙，望女成凤，在给子女提供丰厚物质条件的同时，也把目光紧紧地盯在孩子的学习上，对孩子提出了更高的期望。在很多爸爸妈妈心里，学习好是孩子将来生活的唯一保障，否则，孩子就很难在竞争激烈的现代社会寻得立足之地。

其实，事实并非如此。学习只是孩子生活的一部分，分数只是检验孩子对知识掌握情况的标准之一。对于孩子的成长而言，远远有比学习更重要的东西，那就是心理健康，心智健全。

在过去的应试教育下，很多孩子虽然考试得分很高，但是却把学习与现实生活分离开来，最终高分低能，无法从容地应对生活。还有些孩子尽管在学习的路上一帆风顺，却没有练就坚强的心理素质。有一年春节前，一名大学生在毕业的前夕，跳楼自杀，结束了自己年轻的生命。究其原因，是因为他的心理太脆弱，觉得社会的压力让他不堪承受。

如此看来，在孩子的成长之中，太多的东西都比学习更重要，诸如心理素质、能力、人际关系等。

既然认清了这个事实，爸爸妈妈们就应该调整心态，不要眼睛只盯着孩子的分数。很多爸爸妈妈，一旦看到孩子考了高分，马上就喜笑颜开；一旦看到孩子在分数上有所退步或者始终排名在后，就对孩子横鼻子竖眼睛，心生嫌弃。这样做，会打击孩子的信心，让他变得自卑。试想，如果一个人很自卑，那么他还能做成什么事情呢？

其实，在学习方面，每个孩子的天赋都是不同的。有些孩子很擅长学习，有些孩子则更加擅长动手能力，或者对运动有着独特的能力……从这个角度来说，不管孩子学习好坏，爸爸妈妈都应该学会赏识孩子。常言道，条条大路通罗马，一条路走不通，可以尝试着走其他的路。总而言之，只要孩子能够健康快乐地成长，爸爸妈妈就应该多多发掘孩子的优点，帮助孩子扬长避短，成就一生。

磊磊在一二年级时，和班级里大多数孩子一样每次考试都考九十多分、一百分。他进入三年级之后，考试成绩突然急剧下降，接连几次考试都只考了八十多分。原本，妈妈以为他还没有适应三年级的学习模式，因而成绩出现波动。不想，他的成绩稳定地停留在八十多分。为此，妈妈想了很多办法，诸如买练习册给他巩固练习，在课外报名参加补习班等，他的成绩还是没有得到提高。

曾经一到寒暑假，就四处炫耀磊磊考试成绩的妈妈，这下子感到非常失落。拿着期末考试的成绩单，她对磊磊不满地说道："你看，你是怎么考试的。你难道真的这么笨吗？我花了那么多钱给你报名参加补习班，其他孩子没上补习班，都考得比你好啊！"磊磊低着头，一声不吭。

转眼之间，春节到了。在全家人的聚会上，很久没见磊磊的舅舅说："哎哟，我的大外甥啊，都长这么高了。"这时，妈妈马上接着说："高有什么用啊，考试一塌糊涂。"原本高高兴兴的磊磊，听到妈妈的话，坐到沙发的角落里哭了起来。这时，舅舅批评妈妈："姐，不是我说你，有你这么说孩子的嘛！你看磊磊，多伤心啊！你要是总这么说他，会毁了他的。磊磊练习跆拳道那么辛苦，都已经接连几次晋级了，他从未喊累，这不是他的优点吗？你如果眼睛只盯着他的考试成绩，他的优点也会被埋没的，而且还会失去自信。"听了舅舅的话，妈妈意识到自己的确错了。

舅舅说得没错，如果妈妈继续盯着磊磊的成绩，总是以此为借口贬损磊磊，那么日久天长，磊磊就会失去自信，甚至原本的优点也不复存在。其实，每个孩子都有长处和短处，千万不要总拿孩子的短处和其他孩子的长处做比较。孩子之所以独特，是因为他就是他自己，而不是其他任何人。

爸爸妈妈们，你们可曾也只盯着孩子的分数呢？现代社会，考大学已经不是孩子唯一的出路，而且大学教育也已经普及，只要孩子愿意读大学，还是有学校可进的。既然如此，又何必要给孩子那么大的压力，让孩子感到窒息呢？很多时候，说教并不能改变事实。与其眼睛只盯着孩子的考试分数翻来覆去地说，不如多多发现孩子的其他优点，多多鼓励孩子扬长避短！

夸努力比夸聪明更好

在孩子健康的基础上，每个爸爸妈妈都希望自己的孩子是最聪明的。然而，在孩子的成长过程中，以及在孩子未来的人生中，聪明真的那么重要吗？

纵观历史长河，无数名人成功的历程告诉我们，在成功的道路上，起决定性作用的是努力。一个人可以不聪明，只要努力，也能最终有所建树。相反，一个人如果仅仅是聪明，却不愿意付出努力，那么即使再聪明，也不可能平白无故就获得成功。由此，在夸奖孩子的时候，夸孩子聪明的效果，远远不如夸孩子努力的效果来得更好。

首先，夸奖孩子聪明，那是从娘胎里带出来的特质，不管他是否继续努力，他都很聪明。其次，努力的程度，是孩子可以掌控的。例如，一个孩子通过努力，终于学会骑单车了。那么，他会产生莫大的成就感，并且逐渐意识到自己只要努力，还可以学会很多其他的事情。人生要想获得成功，岂不就是不断挑战巅峰的过程吗？现在的孩子通过努力学会了骑单车，那么他未来就有可能通过努力创业成功。这种有把握和能力战胜困难的信心，对孩子才是至关重要的。最后，夸孩子聪明会使孩子骄傲，夸孩子努力才能使孩子更加上进。聪明的爸爸妈妈，看到这里一定知道该夸孩子聪明，还是该夸孩子努力了吧！

小强今年六岁半，是个一年级的"小豆包"。从幼儿园升入小学，学习生活的模式还是有很大不同的。刚开始，妈妈很担心小强能否顺利适应。不过，一年级的第一次考试，小强就得了一百分，这让妈妈悬着的心终于放了下来。她高兴地表扬小强："宝贝，你可真聪明，考了一百分。"在此之后，每次考试小强得了一百分，妈妈都会表扬小强聪明，当然，她还会给予小强一定的物质奖励。

不想，进入二年级之后，小强的成绩明显不如一年级了。接连两次考试，小强都只考了八十多分。妈妈问他："小强，你为什么学习退步了呢？"小强不以为意地说："没关系，我那么聪明，肯定会很快赶上来的。"

在一次家长会后，老师特意留下小强妈妈，说："小强妈妈，你们是不是经常夸小强聪明呢？"妈妈说："不是经常，就是他以前考一百分的时候，我们就会夸奖他聪明。"老师恍然大悟："难怪呢，每次教授新知识，其他小朋友都认真做练习题，只有小强总是念念有词，'我这么聪明，肯定一学就会。'"老师建议妈妈以后夸奖小强的时候不要再说"聪明"这个词语，而应该夸奖小强努力。老师说："自以为聪明，会让小朋友变得骄傲。如果夸他努力，他就会更加努力。"妈妈觉得老师说得很有道理，当即表态会改正表扬的方式。

小强之所以那么骄傲，就是因为妈妈在一年级期间经常夸他聪明。其实，不管是在学习上还是在生活中，只聪明不努力，都不可能获得成功。尤其是孩子，只有从小培养他养成努力勤奋的好习惯，他未来的人生旅途才会走得更加坚定执着。

孩子是很容易骄傲的，因此，爸爸妈妈在表扬孩子的时候一定要注意措辞。同样的意思，如果通过不同的方式表达出来，效果也往往不同。爸爸妈妈们，你们是否也认为自己的孩子很聪明呢？即使他的智商真的高于常人，也一定要帮助他养成努力的好习惯。既聪明，又努力，才更有可能获得成功！

物质奖励不是灵丹妙药

在养育孩子的过程中，为了激励孩子做某件事情，很多爸爸妈妈都热衷于奖励孩子。他们奖励的方式，就是给孩子买各种各样的礼物，甚至允诺带着孩子去游乐场玩耍等。这样的奖励，能够达到预期的效果吗？在心理学上，赫赫有名的"雷珀实验"针对这个问题进行了研究，并且给出了答案。

心理学家雷珀在诸多孩子之中，挑选出一些热爱画画的孩子，并且将他们分为两组。他对第一组孩子说："请你们画画吧，只要画得好，我就给你们奖品。"他对第二组孩子说："请你们画画吧，我很想欣赏你们的画。"结果，两组孩子都很开心地开始画画，并且都画得不错。最终，雷珀拿出奖品颁发给第一组孩子，孩子们高兴极了。对于第二组孩子，他只是用心地欣赏画，并且给出点评。结果，一段时间之后，雷珀再来观察这两组孩子，发现第一组孩子不再那么热爱画画了，甚至有些孩子不想再画画。相比之下，第二组孩子画画的热情丝毫没有受到影响，依然很喜欢画画。为了让实验具有公信力，雷珀在很多国家很多孩子中进行过这个实验，结果得到了多次验证。

这个实验告诉我们，虽然奖品可以激励孩子的行为，但是，孩子很可能因此变得对奖品感兴趣，而对被奖励的行为渐渐失去兴趣。例如，很多爸爸妈妈允诺孩子只要考试成绩好，就给孩子买玩具。那么，孩子也许会变得只对玩具感兴趣，而对学习失去兴趣。由此想来，这样的奖励得不偿失。这也告诉我们，奖励不是灵丹妙药，要学会引导孩子对行为本身产生浓厚的兴趣，这样奖励的效果才会持久。尤其是物质奖励，更容易出现"雷珀实验"所展示的现象，一定要谨慎使用。

也许有些爸爸妈妈会说，物质奖励不能使用，那么应该如何教育孩子呢？很多时候，奖励是必需的，如果没有奖励，孩子就很难配合。其实，奖励的形式是多种多样的，例如，可以奖励孩子一个拥抱，也可以奖励孩子一次自主决定事情的权利，还可以奖励孩子帮妈妈做一件家务。不管怎样的奖励，只要让孩子感到开心愉悦，并且乐于去做，被奖励的行为本身就达到了预期的效果。

妈妈给朋朋报名参加了武术兴趣班。在试课的时候，朋朋的确很喜欢武术虎虎生风的威力。不过，上了两次课之后，因为前期的基本功训练很枯燥，朋朋想打退堂鼓。妈妈极力劝说，他还是不想继续学武术。无奈之下，妈妈只好使出撒手锏："朋朋，如果你继续上武术课，每上一节课，妈妈就给你买一件玩具。"妈妈开出的条件如此诱人，朋朋想了想，答应继续去上武术课。

在这之后的几节课，朋朋的确能够用心练习武术，妈妈也信守诺言，每节课后都给朋朋买一件玩具。然而，随着时间的推移，朋朋上课的时候越来越不专心。他甚至在课程中间休息时，公然和妈妈对要买的玩具讨价还价。老师无意间听到他们母子的谈话，问清楚妈妈事由，不由觉得啼笑皆非。老师问妈妈："难怪朋朋最近练习效果很差呢，您觉得朋朋还是真心想学习武术的吗？很多动作，比他晚来的小朋友都掌握了，他却总是心不在焉，原来他在惦记下课后买什么玩具。我觉得，您这个方法太不高明了。"其实，妈妈也意识到朋朋上课的目的本末倒置了。后来，妈妈和朋朋进行了一次深入交流，她告诉朋朋："学武术是为了强身健体，而且花了很多钱才有机会学。如果不珍惜这次机会，就放弃。以后，妈妈不会再为了让你来上课给你买玩具了。"

其实，朋朋虽然只有八岁，但已经有了思考问题的能力。他想来想去，决定依然学武术。自从妈妈不再给朋朋买玩具后，老师明显感觉到朋朋上课更专注了。

在这个事例中，因为妈妈错误的物质奖励，导致朋朋上课的目的完全变成了应付，只为了下课后可以买一件玩具。如此下去，朋朋上武术课完全就是浪费时间，而妈妈的奖励行为也变成了自欺欺人。幸好，老师及时告诉妈妈其中的道理，妈妈也知错就改，帮助朋朋端正心态。

爸爸妈妈们，当你们面对孩子无计可施的时候，是否也会像朋朋妈妈一样不假思索地就用"糖衣炮弹"轰炸孩子小小的贪心呢？其实，如果从长远角度来说，奖励的确是必不可少的。然而，为了让奖励达到预期的效果，一定要讲究方式方法，千万避免本末倒置，舍本逐末。

父母的陪伴是孩子真正需要的奖励

如今爸爸妈妈们，有几个拥有清闲的生活，每天可以抽出时间陪伴孩子的呢？为了给孩子创造更好的生存条件，大多数爸爸妈妈整日忙忙碌碌，早出晚归，甚至有些爸爸妈妈因为作息时间的问题，和孩子共处一个屋檐下，却很少有机会和孩子交流。例如，晨晨的爸爸每天下班很晚，要到十点钟。然而，晨晨第二天还要早起去幼儿园，八点半就得睡觉了。这样一来，爸爸下班回家时，晨晨已经酣然入睡。等到第二天早晨，晨晨七点半就要起床去幼儿园，爸爸因为睡得晚，要等到八点半才起床，九点半前赶到单位。如此，晨晨早晨也和爸爸没时间聊天。有的时候，一个星期过去了，晨晨和爸爸只能看到睡梦中的彼此。这样的情况，在现代社会并不是个例，而是很多家庭都存在的。

也许有些爸爸妈妈会说，我们之所以这么辛苦，还不是为了孩子嘛！如今，没有钱怎么可能给孩子选择好的学校，提供优厚的物质条件？基于这种想法，每当孩子请求爸爸休假一天，陪他出去玩的时候，爸爸总是不假思索地说："不上班，你哪里来的钱花啊？你吃饭、穿衣、上学，哪一项不要花钱？"这样，孩子就又默默地坐回电视机旁，独自承受寂寞的童年。记得中央电视台曾经有个公益广告，一个孩子积攒了很久的钱，只为了买爸爸一个不加班的夜晚。这个广告让人不胜唏嘘。大多数爸爸妈妈都觉得给孩子买昂贵的玩具和名牌衣服，就是对孩子最好的奖励。殊不知，孩子小小的心灵很简单，也许他们只是想要爸爸的陪伴。当我们以"一切都是为了孩子好"为借口，疏远孩子，忽视孩子的成长时，也许真的应该想一想：孩子真正需要的奖励是什么？只怕再多的物质奖励堆积成山，也没有爸爸的陪伴更能给孩子温暖。

佳佳是个不折不扣的"富二代"。他的爸爸是一家上市公司的老总，每天都很忙碌。佳佳享受着最好的教育，仅在幼儿园时期，每年的学费就十几万。他上学放学都由专职司机和保姆接送，即使刮再大的风，下再大的雨，他也不受影响。很多同学都羡慕佳佳爸爸那么有钱，佳佳所有高档的用品都应有尽有，所有新鲜的玩具都第一个玩到，然而，佳佳心里最羡慕的人是飞飞，因为飞飞每天都可以坐在爸爸的自行车后座上上学放学。

有一天早晨，佳佳难得看到爸爸在家，他走进书房，怯生生地问："爸爸，您今天可以送我上学吗？"爸爸看着佳佳，为难地说："佳佳，爸爸一会儿就要去机场，需要出差。就让司机送你吧，好吗？佳佳听话，等爸爸回来，奖励一个你最喜欢的游戏机，好不好？"佳佳落寞地摇摇头，说："不用了，谢谢爸爸。"这样的一个早晨，佳佳在去学校的路上多么寂寞，没人知道。他来到学校门口，站在那里等飞飞。很快，飞飞爸爸就骑着自行车载着飞飞来了。佳佳问飞飞爸爸："叔叔，放学的时候，我可以坐一下您的自行车吗？"飞飞爸爸笑着说："小佳佳，你每天都坐大奔驰，怎么要坐叔叔的自行车啊！"佳佳用渴求的眼神看着飞飞爸爸，飞飞爸爸同意了。听说佳佳想坐爸爸的自行车，飞飞高兴得一蹦三尺高。他问爸爸："爸爸，您可以前面载我，后面载佳佳吗？"爸爸说："当然没问题。"

一整天，佳佳都很期待放学之后坐自行车的感觉。好不容易等到放学，飞飞爸爸果然早早地就等在外面了。坐在飞飞爸爸的身后，佳佳搂着飞飞爸爸的腰，觉得心里踏实极了。应佳佳的请求，他们在外面骑行很晚才回家。

　　对于佳佳爸爸来说，挣到足够的钱，给孩子奖励一个游戏机，就是陪伴孩子的方式。殊不知，佳佳需要的是爸爸温暖的怀抱和宽厚的臂膀。他是多么缺少爸爸的关爱，才会要求坐在飞飞爸爸的自行车后座上啊！

　　孩子的成长过程是不可逆转的，孩子的童年也是非常短暂的。爸爸妈妈们，当你们为了给孩子创造更好的物质条件而四处奔波时，不妨问问自己是否满足了孩子最基本的感情需求。对于幼小的孩子而言，再丰厚的物质条件作为补偿，也不可能弥补他们在成长过程中感情的缺失。现代社会有很多缺位爸爸，给孩子的心理健康带来极大的伤害。那么，从现在开始，即使工作再忙，爸爸们也要抽出时间陪伴孩子，这是比任何昂贵的礼物都更加珍贵的奖励！

鼓励孩子勇敢做自己

　　很多爸爸妈妈看不惯孩子的言行举止，这并非他们故意挑孩子的错误，而是因为他们过于自以为是。他们觉得自己辛辛苦苦抚养孩子长大，应该成为孩子精神上的导师，因此，他们处处对孩子指手画脚，甚至用自己的人生经验套用在孩子身上。殊不知，这个世界上绝对没有完全相同的两个人，每个人的人生经历都是独一无二的。即使是爸爸妈妈，也不可能代替孩子成长，他们能做的就是给出孩子合理的建议，让孩子自己做决定或者选择。

　　正是因为很多爸爸妈妈无休止的说教和亦步亦趋的管教，无数孩子失去了自己的精神世界，变成了爸爸妈妈的附属品，对爸爸妈妈唯命是从，从来没有自己的想法和主见。可是，爸爸妈妈能陪伴孩子一辈子吗？等到爸爸妈妈老去，孩子需要自己独立面对这个世界时，也许爸爸妈妈会追悔莫及。

　　在孩子应该学会独立的阶段，与其代替孩子做决定，处处操控孩子，不如给孩子一定的自由，在保证孩子安全的情况下，让孩子遵从自己的内心意愿，勇敢地做自己。

　　科尔是德国前任总理。小时候的他非常内向，很少说话，做事情也比别人显得缓慢。为此，很多孩子都嘲笑他，说他是个"笨鸟"。科尔知道大家都瞧不起他，因而哭着问爸爸："爸爸，我是一只笨鸟吗？我是不是什么也做不好？"爸爸坚定不移地说："孩子，你不是。你很独特，你与众不同，因为你是你自己。你要相信自己，其他孩子能做到的事情，你也完全能够做到，而且还能做好。我相信你，你也要相信自己。"

后来，爸爸专程带科尔去看海。在海边，他们看到很多鸟儿在海滩上抢夺食物。爸爸对科尔说："孩子，你看，那里有那么多鸟儿在海滩上寻找食物。每当有海浪袭来时，小麻雀是反应最迅速的，它马上就扑打翅膀，飞入天空。相比之下，海鸥显得有些慢，它们从沙滩上起飞，然后再用很长的时间飞入天空。不过，这并不妨碍它们飞越茫茫的大海，这一点是麻雀无论怎样努力都做不到的。"

当时，年纪还小的科尔还不能很好地理解爸爸的话，但是他在爸爸的鼓励下树立了信心。他开始努力去做那些之前不能做好的事情，还勇敢地当众表达自己的想法。每当学校里举行集体活动时，他也不再躲在队伍的后面，而是勇敢地站在队伍的前排。当然，他之所有有力量这么做，是因为爸爸每天晚上都会询问他一天之中发生的事情，并且鼓励他，赞赏他。正是父亲的支持，让年幼的科尔获得了自信，也让他有勇气坚定不移地做自己。

如果科尔生长在一个普通的中国家庭，那么，他也许会得到爸爸的批评，也许会得到妈妈的埋怨："你这个孩子，反应怎么这么慢呢？你看看，这么简单的事情，别的孩子都做得很好，唯独你做不好。"这样一句话，会让小小孩子的自信心变得支离破碎。由此一来，世界上也就少了一位优秀的总理。幸好，科尔有一个优秀的爸爸，不停地鼓励他一路向前，帮助他树立信心面对人生。

德国的一位学者来到中国访问。他在中国逗留了一年时间，和很多中国孩子都有过接触。在结束访问，即将回国时，他有一个疑问始终未能解开：在德国，即使是在同一个家庭中成长的孩子，也完全不同。在中国，为什么那么多在不同家庭中成长的孩子，却那么相似呢？这个问题，让我们无限深思现在的教育模式。幸好，现代社会已经提出了尊重孩子个性的教育理念，我们也将会尊重孩子的不同特质，给予孩子不同的引导，让孩子遵循自身的内在规律成长为他应该成为的样子。不管孩子是优秀还是平庸，爸爸妈妈都应该接受他本来的样子，以尊重的态度让他成长为本来的样子。

第八章

批评也要讲诀窍，逆反心理去无踪

几乎每个孩子在成长的过程中，都有被批评的经历。现代教育观念认为，家长在教育孩子时，要尽量多赞赏，少批评。即使偶尔批评孩子，也要讲究方式方法，以免挫伤孩子的自信心，也避免激起孩子的逆反心理。很多爸爸妈妈以为板起面孔，狠狠地斥责孩子就是批评，其实不然。

批评，也是要讲诀窍的。

批评，要适可而止

养育孩子是一场修行，在这场修行中，不但孩子逐渐成长，爸爸妈妈的心智也渐渐成熟。然而，很多爸爸妈妈都意识不到教养孩子的重要性，他们甚至自己还懵懂无知，就承担起了教育孩子的重任。实际上，教育孩子是需要技巧的。由于爸爸妈妈的脾气秉性和受教育的程度各不相同，所以每个家庭对孩子的教育方式也完全不同。

有些爸爸妈妈对孩子采取任其自然的方式，让孩子遵循本性成长。这样的孩子非常率性，有的时候会不遵守规则。如果爸爸妈妈能够适当地对孩子加以引导，效果会更好。反之，有的爸爸妈妈则截然相反，对孩子始终坚持高标准、严要求。他们时刻盯着孩子，总是否定孩子，以期望让孩子尽早达到成人世界的标准。殊不知，这样管教出来的孩子总是唯唯诺诺，自卑胆怯，而且毫无主见。

综合来说，以上两种方式都是不可取的。在对待孩子时，爸爸妈妈首先应该了解孩子身体和心理生长发育的特点，这样才能更好地理解孩子的言语行为的表现。对孩子，完全不批评是不行的，总是批评也会适得其反。批评孩子，一定要适可而止，只有这样，才能达到预期的效果。

当怀抱中那个吃喝拉撒都要依赖妈妈的小宝宝学会走路，尤其是会跑后，他简直就成了家里的小魔头。一不小心，他就会摆脱妈妈的视线，这里捣鼓捣鼓，那里搞搞破坏，还时不时地险象环生。在这种情况下，即使妈妈脾气再好，也会情不自禁地每天批评孩子三五次。当孩子逐渐长大，自我意识越来越强，他们和妈妈针锋相对的时刻就更多了。例如，一个五岁的孩子，妈妈想让他回家，他却偏偏要在公园里继续玩耍到天黑。再如，一个八岁的孩子，妈妈让他和同学友好相处，他却把同学打得哇哇直哭。遇到这样的情况，妈妈应该怎么办呢？如果一味地批评，孩子很容易产生逆反心理，故意和妈妈对着干。在孩子犯错时，妈妈首先应该问清楚孩子犯错的原因。有的时候，先理解孩子，然后再以给孩子提建议的方式进行正确引导，孩子更容易接受。不管采取何种方式，达到教育的目的是关键。

这次考试，小雨的成绩不是很好。当妈妈看到试卷之后，一眼就发现小雨考试失利完全是因为粗心。妈妈生气地拿着试卷，让小雨看。果然，大部分错误都是因为粗心。居然有道很简单的题目是空白，妈妈质问小雨："小雨，这么简单的题目你难道不会做吗？"小雨紧张地说："妈妈，我看漏掉了。"妈妈丝毫没有因为小雨紧张的样子降低嗓门，反而提高声调说："忘掉了？这么明显的一道题目，你瞪着那么大的眼睛，居然没看到。你的眼睛是长着干什么用的？"小雨被妈妈批评得一声不吭。后来，妈妈亲自指导小雨订正试卷，并且一遍又一遍地叮嘱小雨下次考试要细心。

转眼间，一个月过去了，小雨又要月考了。这次，妈妈比小雨还紧张呢，提前三天就开始提醒小雨考试不要粗心。在临近考试的前一天，爸爸看到小雨主动帮忙盛饭，夸奖小雨："小雨真棒啊，都知道帮妈妈干活啦！"不想，妈妈没好气地说："她要是不粗心，会更棒！"听到妈妈的话，小雨又低下了头。爸爸赶紧用眼神示意妈妈，让妈妈别再哪壶不开提哪壶啦！很快，老师把改完的月考试卷发了下来。这次，小雨一直在提醒自己细心，只有一道题目是因为粗心做错的。不想，妈妈依然不依不饶，还是批评小雨不够细心。

妈妈这么做的直接后果是，小雨在又一次考试中继续粗心，且越来越严重。面对妈妈的质问，小雨不以为然地说："反正我不管是粗心还是细心，您都要批评我！"

这个事例中，小雨在第二次考试中，粗心的情况明显好转。妈妈如果能够认可小雨，帮助小雨树立信心，也许小雨粗心的情况会越来越少。然而，妈妈却继续喋喋不休地批评小雨，即使在爸爸表扬小雨的时候，也没有给小雨留面子。这样做的直接后果，就是激起了小雨的逆反心理，不愿意再改正缺点。

孩子虽小，也是有自尊心的。不管什么时候，爸爸妈妈都要注意维护孩子的自尊心。在成长的过程中，孩子总是出现这样或者那样的错误，其实，孩子正是在错误中不断成长的。只有认识到这一点，爸爸妈妈才能心平气和地接受孩子犯错误。当然，这并不意味着不需要批评孩子。所谓批评，不是爸爸妈妈宣泄情绪的方式，而是爸爸妈妈提醒孩子避免再犯同样的错误。爸爸妈妈只有端正态度，弄清楚自己的终极目的，才能找到正确的方式批评孩子，避免过度。

用幽默的方式让孩子意识到错误

一旦孩子犯错，很多爸爸妈妈为了提升批评的效果，恨不得吹胡子瞪眼睛，踢桌子打板凳，只为了让孩子心生恐惧，被爸爸妈妈的权威和声势震慑住。其实，有理不在声高。如果爸爸妈妈掌握批评的技巧，说出的道理能够撼动孩子的心灵，那么即使爸爸妈妈温言细语，孩子也会受到震撼，从而起到预期的效果。如果爸爸妈妈能够以幽默的方式让孩子认识到错误，然后进行自我反省，那么就会起到更好的效果。

法国著名演讲家雷曼麦曾经说："把一本正经的真理用幽默风趣的方式说出来，比开门见山地提出更容易让人接受。"幽默地说出批评的话语，是一种非常含蓄委婉的方式，能够让孩子对爸爸妈妈产生亲近感。试想，一件事情是由你的敌人说出来你更容易接受，还是由你的朋友说出来你更愿意接受？答案显而易见。幽默的方式，能够帮助爸爸妈妈成为孩子的朋友，让孩子看到爸爸妈妈除了严厉的一面之外，还有有趣的一面。在笑声中，孩子会主动领悟其中的道理，理解爸爸妈妈的用意，从而主动承认错误，完善自我。不得不说，这是比电闪雷鸣的批评更皆大欢喜的方式。

一天放学，妈妈让琦琦在书房写作业，自己则去厨房准备晚餐。当晚餐准备得差不多时，妈妈走向书房，想看看琦琦的作业完成得怎么样了。不想，推开门之后，她看到琦琦正在从电脑桌的板凳上一跃而起，双手一撑，坐到了书桌前的板凳上。

妈妈知道，琦琦刚才一定是在偷偷地玩电脑游戏。一股火儿直冲妈妈脑门，她很想上去质问琦琦：为什么不写作业？然而，她不想让琦琦在接受严厉的批评后哭哭啼啼地写作业，也不想影响琦琦晚餐时的心情。因此，妈妈带着微笑拖长声音说："哎呀，真好，我们家即将出一个比刘翔更厉害的跨栏冠军。刘翔虽然厉害，但他要想跨栏成功，还得助跑呢！哪里像我们家的跨栏冠军呢，连助跑都不需要，动作迅速，直接越过一米多高的桌子。最重要的是精神可嘉啊，我们家的跨栏冠军抓住每一分每一秒的时间，苦练跨栏技术，真是国家未来的希望啊！"

听了妈妈的话，琦琦惭愧地低下头。他对妈妈说："对不起，妈妈，我不应该偷偷玩电脑。"妈妈装作没事人一样，说："没关系，你做得很好，不过下次可要注意安全，这样容易摔倒。"从此之后，琦琦再也没有背着妈妈偷偷玩电脑游戏，他总是认真完成作业之后，再去玩电脑游戏。

妈妈非常机智，以不动声色的幽默方式，很好地教育了琦琦。虽然她始终没有批评琦琦，但是对琦琦来说，妈妈的话比批评他还让他难受。这样自发地承认错误，他一定不会再犯。琦琦妈妈多么幽默而又机智！想必琦琦在被批评之后想起妈妈的这番话，也会佩服妈妈的机智聪明吧！

很多事情，未必要采取极端的方式，孩子才能意识到错误。尤其是对于有一定思考能力的孩子来说，他们已经形成了自己的是非判断标准。就如琦琦，在妈妈发现他偷偷玩电脑之前，他已经知道自己偷偷玩电脑是不对的，否则也不会在妈妈走进书房的时候那么慌乱。对于这样有觉悟的孩子，以幽默的方式适当点拨，会比严厉的不留情面的批评更有效。

批评要就事论事

在婚姻关系中，夫妻之间相处的大忌，就是妻子和丈夫在吵架的时候，把陈年往事也翻出来一并旧账新算。长此以往，丈夫即使原本对于当前发生的事情感到愧疚，也会因为妻子翻出陈年旧事而大为恼火，原本想道歉息事宁人的心情瞬间消失，就像一只愤怒的斗鸡一样开始和妻子死掐。这样的夫妻关系，怎么能和谐融洽呢？要知道，旧情绪也是会累积的，一次次地翻旧账，只会让情绪越来越糟糕，感情越来越淡漠。很多爸爸妈妈和孩子的关系剑拔弩张，一触即发，也是因为这个原因。在孩子犯错的时候，很多爸爸妈妈都无法做到就事论事，而是把孩子许久之前犯的类似错误也拿出来说事，一起再重新批评孩子。这样的批评方式，别说孩子无法接受，就连成人也会觉得很难堪。

生活中有个俗语，叫作"翻篇"。那些感情越来越好的夫妻，往往是忘性大的夫妻，他们因为记不住那些不开心的争吵，很容易就能翻篇。亲子关系要想变得更和谐，爸爸妈妈也应该学会忘记，学会翻篇。

孩子很少会犯两个完全相同的错误，退一步说，即使孩子犯了两个完全相同的错误，爸爸妈妈也应该故意忘记他上一次犯错，这样才不会在无意之间强化孩子的相同错误。大多数情况下，孩子的成长是循序渐进的，他这次犯错的初衷和上次一定不同，当然，后果也会大不相同。对于孩子而言，爸爸妈妈就事论事地批评他们，他们更容易接受。如果爸爸妈妈总是翻出陈年旧事，他们甚至对这次错误的愧疚心理也会减弱，有些孩子还会因此产生逆反心理，公然不认错。这样的结局，显然是爸爸妈妈不愿意看到的。从某种意义上来说，养育孩子是一个斗智斗勇的过程。随着孩子智力的不断提升，爸爸妈妈教育孩子的方法也应该随之升级，这样才能跟得上孩子成长的脚步。

　　暑假到了，思雨和几个同学相约去爬山，不想，因为对山路不熟悉，他们迷路了。他们在山里转了好几个小时，都没有找到下山的路。无奈之下，思雨只好给爸爸打电话。

　　听说孩子们被困在山里，眼看着天就要黑了，爸爸心急如焚。他马上动员亲戚朋友进山寻找，直到黎明时分，才在山洞里找到几个孩子。见到思雨，爸爸虽然心里很担心，面色却很严峻。他责怪思雨："你这个孩子，怎么带着同学们来这个野山！这里荒无人烟，山势陡峭，大家差点儿都遇到危险！"看到其他同学的爸爸妈妈都紧张地查看孩子有没有受伤，爸爸却训斥自己，思雨不服气地说："我又不是故意的，也没想到会迷路啊！"爸爸更生气了："错了就是错了，你还不承认错误。"一路上，父子俩再也没有说话，默默地回到家里。

　　到家之后，爸爸又开始教训思雨："思雨，以后别再闯祸了，好吗？你马上就小学毕业了，是个大孩子了，应该让爸爸省省心。"思雨倔强地说："我没错。"爸爸不由得火冒三丈："你还嘴硬，你这不是第一次带着同学们置身险境了吧！上次，你瞒着家长们，带着好几个同学去野三坡，出了车祸，幸好只是皮外伤。不然，你让我如何给其他家长交代啊！"爸爸一提起在野三坡发生的事情，思雨情绪更加激动："是啊，您不就是怕我给您闯祸吗？您根本就不关心我的死活，那次，我冒着生命危险救出其他

同学，您也只是劈头盖脸地数落我一顿，您到底是不是我爸爸！"听到儿子如此激动，爸爸也很生气，结果，父子俩又是不欢而散。

在这个事例中，爸爸虽然很着急，但是更多的是担心儿子的安危。也许天生男人的表达方式和女人的不同，爸爸在费尽周折找到儿子之后，没有忘情地把儿子抱在怀里，而是理智地教育儿子不要再把自己置身于危险的境地，更不要拖累同学。这样的话，让儿子情绪很激动。尤其是当爸爸把之前的野三坡事件又搬出来说事，儿子更加生气了。如果爸爸能够先安慰儿子的情绪，然后就事论事，在孩子情绪平稳之后教育儿子，也许儿子就不会那么愤怒了。

的确，面对孩子接二连三给我们出的难题，尤其是当紧绷的神经还没有完全放松，就又再次绷紧的时候，爸爸妈妈往往很难控制自己的情绪。然而，不管如何激动，都应该掌握一个原则，即孩子的生命安全是第一位的，先安抚受到惊吓的孩子，然后再就事论事地教育孩子，切勿把陈年旧事翻出来再说一遍。要知道，孩子也是爱面子的，他们在犯过一次错误之后，一定也在极力避免再次犯错。只有维护孩子的自尊，才能把话说到孩子心里去。

言传即可，慎用批评体态

在成长的过程中，每个孩子都难免犯错。作为父母，批评孩子也就成了家常便饭。前文说过，批评孩子不但要讲究技巧，而且要适度，这样才能达到良好的效果。对于很多脾气火爆的家长来说，有的时候语言批评并不能使他们愤怒的情绪得到发泄，他们甚至会"动手动脚"，使用批评体态。所谓批评体态，就是指爸爸妈妈在批评孩子时，因为情绪一时激动，怒火难耐，不但动口，而且动手。他们或者推搡孩子，或者用手指点着孩子的脑袋数落孩子，还有些爸爸妈妈相对比较含蓄，会用鄙夷甚至是嫌弃的眼神看着孩子。当然，也有爸爸妈妈一时气愤，使劲打孩子的屁股，或者身体的其他部位。也许有些家长会意识到，打孩子肯定不行，不能打孩子。殊不知，用批评体态对待孩子，会比打孩子给孩子造成的心理伤害更严重。

孩子是独立存在的精神个体，他们感情细腻，有很强的自尊心。虽然年纪还小，然而，他们却可以敏感地感觉到成人的情绪、语气等，甚至还会察言观色。从某种意义上来说，批评的体态，虽然没有明确批评孩子，但是却对孩子表达出成人内心的不满，让孩子心里更加忐忑不安。因此，爸爸妈妈批评孩子的时候完全可以选择以引导为主的这种合适方式说出来。

五岁的楠楠，聪明活泼，非常调皮。每天幼儿园放学后，他都央求妈妈带他去公园玩耍。妈妈为了增强楠楠的运动量，也都答应了。不过，今天下午，楠楠的表现很不好。

在公园里，楠楠和西西一起玩耍，非常开心。不过，倩倩也想加入他们之中，和他们一起玩皮球。这时，楠楠猛地把倩倩推倒了，倩倩大哭起来。听到哭声，妈妈们都一起赶过去。弄清楚事情原委之后，妈妈让楠楠给倩倩道歉，楠楠却死活也不道歉，说倩倩要抢他们的皮球。倩倩妈妈连声说："没关系，没关系，都是小孩子嘛！不要紧的。"说完，倩倩妈妈还告诉倩倩："宝贝，皮球是楠楠的，你想玩，应该经过楠楠的同意。"看到倩倩乖乖地和楠楠说想和他俩一起玩皮球，妈妈坚持让楠楠向倩倩道歉。不知道为什么，楠楠变得很固执，怎么也不愿意道歉。这时，妈妈用嫌恶的眼神看着楠楠，说："楠楠，你不但很小气，还不懂礼貌哦！"原本满不在乎的楠楠，看到妈妈的眼神突然哭了起来。妈妈惊讶地说："呦，你这个小家伙，居然还会看人脸色了！"妈妈赶紧安抚楠楠，又给楠楠讲应该和小朋友友好相处的道理。很快，三个小家伙就高高兴兴地玩起来了。

晚上睡觉前，妈妈给楠楠讲故事，楠楠突然忧愁地问："妈妈，您是不是不爱我了？"妈妈早就忘记了下午发生的事情，疑惑地说："妈妈当然爱你啊，你为什么这么问？"楠楠伤心地说："您下午批评我的时候，看我的眼神，就像要把我丢掉。"虽然楠楠还不能准确形容妈妈的眼神，但是他的感受显然是准确的。看到自己一个眼神就给楠楠带来这么大的伤害，妈妈暗自告诫自己：以后千万不要再这样对待孩子了。

在这个事例中，妈妈只是对楠楠无计可施，所以就给了他一个无奈的眼神，带着嫌弃的意味。原本，妈妈以为楠楠看不懂，不想，楠楠非但读懂了妈妈的眼神，还伤心地哭起来。这让妈妈很惊讶。尤其是晚上睡觉前，楠楠显然已经把被妈妈批评的事情忘到脑后了，但是他还是记得妈妈的眼神带给他的感受。

养育孩子真的是任重道远，需要我们付出很多的时间、精力和心力。我们不但要照顾好孩子的吃喝拉撒，更要关注孩子的精神和情感，用心地呵护他们稚嫩的心灵。

批评，但不压制

　　哪个孩子在成长的过程中没有挨过批评呢？可以肯定地说，每个孩子都会犯错误，每个孩子也都挨过批评。然而，幸运的孩子在接受批评之后，能够从批评中得到反思。而不幸运的孩子呢？很可能遇到不那么理性的爸爸妈妈，在被批评之后，还被压制，自信心和积极性都受到极大的打击，也许会变得一蹶不振。如果批评带给孩子的伤害是如此深重，那么这种批评的方式就是不可取的。在批评孩子的时候，爸爸妈妈一定要注意，千万不要压制孩子。

　　也许有的爸爸妈妈会说，我们从来不压制孩子。其实，对于语言的感受，孩子和成人是完全不同的。例如，有的爸爸妈妈在看到孩子长时间看电视之后，严厉地制止孩子继续看电视，并且说"从现在开始，三天之内不许再看电视"。对于爸爸妈妈来说，这是一种惩罚孩子的措施，对于孩子来说，这就是一种压制。他一旦想到自己三天都不能看电视，原本愉悦的心情瞬间变得暗淡起来。爸爸妈妈与其吓唬孩子三天都不许再看电视，不如在孩子再次想看电视的时候提醒孩子已经看了很长时间了，或者让孩子控制看电视的时间。再如，有的孩子在遇到高兴的事情时，会高兴得一蹦三尺高。这时，爸爸妈妈会说："值得这么高兴吗？不要得意忘形啊！控制点儿。"孩子那么小，他们只知道高兴了要笑，悲伤了会哭，哪里懂得伪装自己呢？再如，有些孩子因为和小朋友之间发生争执，非常生气，喋喋不休地倾诉，爸爸妈妈却厉声喝道："闭嘴！"就这样，孩子突然闭上嘴巴，不再说话，这对于孩子而言就是压制。尽管很多爸爸妈妈都不承认自己曾经压制孩子，但是孩子却常常受到压制，导致情绪不能及时发泄，郁积于心。

豆豆已经玩了很长时间的游戏机，原本，妈妈让他玩半个小时就结束，但是因为妈妈忘记提醒他了，他就讨巧玩了一个多小时。

妈妈很担心豆豆的眼睛，因为妈妈和爸爸都是近视，妈妈还是高度近视眼，所以豆豆必须尤其注意用眼卫生。因此，妈妈生气地斥责豆豆："你这个孩子，不让你结束，你就不知道结束吗？你是不是觉得玩得时间长就赚便宜啦？"看到妈妈愤怒的样子，豆豆也很委屈："我以为还没到时间呢，因为您没来提醒我！""你还狡辩，你明明知道玩得已经超过时间了！"妈妈更生气了。这时，豆豆也逆反起来，小嘴吧嗒吧嗒说个不停："您还说我呢，您不是也经常玩游戏机嘛。您每次玩游戏机都玩很长时间，您有什么资格管我。您要想管我，最起码自己应该先做到。您是懂得很多道理，但是您都做不到……""行啦，闭嘴！"豆豆的话还没说完，妈妈就恼羞成怒，让他闭嘴。妈妈知道，豆豆说得也不是没有道理，但是她怎么能容忍孩子这么批评自己！

豆豆还想说什么，妈妈却生气地不再理他。一旦豆豆张嘴想要说话，还没说出几个字呢，妈妈就会愤怒地让他闭嘴。就这样，豆豆一直沉默着，他甚至因为委屈哭红了眼睛。

没过多久，爸爸下班回家了。看到妈妈和豆豆每个人一个房间，谁也不理谁，爸爸就猜到他们肯定又吵架了。爸爸问豆豆怎么了，豆豆依然默不作声。爸爸接连问了好几遍，豆豆才说："妈妈不让我说话，我从现在开始就当哑巴了。"得知事情的原委后，爸爸严肃批评了妈妈："在孩子面前，错就是错，对就是对，没什么好掩饰的。你应该承认错误。而且，你不应该让豆豆闭嘴，他想说你应该给他机会说啊！"说完，爸爸耐心地引导豆豆讲述事情的经过，并且给予了豆豆公正的处理态度。豆豆这才破涕为笑，不再记恨妈妈。

孩子的确很容易让人抓狂，尤其是当他们揪着爸爸妈妈的错误不放时，爸爸妈妈往往很难堪。与其为了面子伤害孩子，不如勇敢地承认错误。尤其需要注意的是，在这种情况下，千万不要粗暴地让孩子闭嘴，不然孩子就会很受伤害。

每个孩子的心理都很脆弱，作为父母，我们不但要满足孩子的生理需求，也要照顾孩子的心理需求。只有客观公正地对待孩子，才能帮助孩子树立正确的是非观念。在教育孩子的时候，作为父母，必须鼓足勇气，最需要注意的就是，不要压抑孩子，要尊重孩子的个性，尊重他们的各项权利和自由！

批评 ≠ 贬低

你愿意被别人贬低吗？答案当然是否定的。没有人愿意被人贬低，包括孩子。一个人如果贬低另一个人，心里一定带着深深的不屑和鄙夷。有些爸爸妈妈经常贬低孩子而不自觉，他们喊冤叫屈：我们那么爱孩子，怎么会无情地贬低孩子呢？事实却是，的确有很多爸爸妈妈在贬低孩子。

有的爸爸妈妈，在孩子得到别人夸奖的时候，总会盲目谦虚，说些孩子的缺点。例如，妈妈带着小雨在商场里买东西，遇到同事。小雨赶紧向阿姨们打招呼，同事连声夸奖小雨懂事，还羡慕妈妈有福气。这时，妈妈却说："哪里啊，她呀，也就是在外人面前比较乖巧，在家里非常任性，也很执拗呢！"听了妈妈的话，小雨特别伤心。她暗暗地想："与其得到表扬，还不如得到批评呢，反正最终的结果也是批评。"在小雨稚嫩的心灵里，她根本分不清谦虚与贬低之间的关系，她只认为妈妈就是那么评价她的。还有些爸爸妈妈喜欢把孩子拿来和其他孩子比较。这样的比较，是亲子关系的大忌讳。很多孩子因为这种比较，甚至觉得爸爸妈妈不爱自己，而只爱其他孩子，对孩子的心理造成很大的伤害。和贬低孩子相比，如果爸爸妈妈能够成为孩子的忠实粉丝，不管什么时候都坚定不移地相信孩子，支持孩子，那么孩子一定能够树立自信心，更好地成长。

今年九岁的彤彤正在读小学三年级。他很快乐，喜欢读书和运动，还有很多好朋友，每天都开开心心的。不过，小小年纪的他也有烦恼，那就是当妈妈贬低他的时候。

例如昨天，彤彤好心好意地帮妈妈盛饭，不小心把饭弄洒了，妈妈马上批评他："哎呀，你都这么大的人了，怎么把饭弄洒了！你看看，我刚拖的地板，又被弄得脏兮兮的。你呀，总是干什么都干不好，总是让人跟着你擦屁股。你什么时候能把事情干好呢？"听到这样的批评，彤彤非常伤心，因为他只是把饭洒了，妈妈就会有一连串的抱怨，让他觉得自己一无是处。

类似的贬低，在彤彤的生活中还很常见。彤彤当然知道妈妈是爱自己的，只不过，他还是觉得很难接受。他最大的梦想，就是希望妈妈变得宽容大度，多多发现他的优点。这样，他就更快乐了。

在这个事例中，彤彤只是把饭弄洒了，妈妈却贬低他什么事情都干不好。这样的贬低，会让彤彤觉得特别伤心，也会导致他缺乏信心。从某种意义上来说，孩子在年幼时，自信心来自于爸爸妈妈对他的认可和欣赏。

比尔·盖茨取得了世人瞩目的成就，为无数人所敬仰。在记者采访他的父亲——老盖茨时，老盖茨告诫人们，永远不要贬低孩子。只有当你意识到这句话的重要性时，你才能更好地与孩子相处。

遗憾的是，每当孩子闯祸或者犯错时，很多爸爸妈妈总是情绪激动，不可遏制，最终对着孩子开始肆无忌惮地指责和批评。当孩子委屈地说"我在你眼里只有缺点，没有任何优点"时，爸爸妈妈是否也会觉得心痛呢？作为一心一意关爱和照顾孩子的家长，明明付出了很多，却让孩子倍感委屈。爸爸妈妈还有漫长的路需要走，必须从现在开始努力反思自身，竭力完善自身，才能追得上孩子成长的脚步。

不要给孩子贴标签

所有的爸爸妈妈都很爱自己的孩子，这一点是毋庸置疑的。然而，每当孩子因为调皮捣蛋而犯错，大多数爸爸妈妈无法控制自己激动的情绪，恨不得狠狠地揍孩子一顿。或者即使理智告诉他们不能打孩子，他们也要严厉呵斥或批评孩子，发泄心中的怒火。当波涛汹涌的情绪之海终于恢复平静后，他们又马上感到无限的懊悔："我这么爱孩子，为什么要口不择言地伤害孩子呢？""孩子是无辜的，他们只是生理或者心理发育达到了这样的阶段，因此就自然而然地做自己该做的事情，他们不应该被指责。""孩子，我很爱你，但是我却不知道怎么爱你。"诸如此类的忏悔，无数次在情绪暴躁的爸爸妈妈心中回响。实际上，如果爸爸妈妈能够很好地控制自己的情绪，就不会做出让自己追悔莫及的事情。俗话说，说出去的话，泼出去的水。即使爸爸妈妈事后再怎么懊悔，也无法挽回恶劣的言行在孩子心中留下的阴影，甚至是伤害。

对于爸爸妈妈而言，要想最大限度地避免给孩子的心理造成影响，最重要的就是说话或者批评孩子时，不要给孩子贴标签。何谓标签呢？所谓标签，就是诸如"笨蛋""蠢货""傻瓜""废物"等词语。否则，一旦给孩子贴上标签，孩子就会觉得自己理所应当成为爸爸妈妈所斥责的样子，而不觉得自己其实还可以通过努力改变一切。

很多爸爸妈妈，都无法做到针对具体的事情给出孩子意见或者建议。往往孩子犯了一点点小错误，例如，考试时因为粗心漏掉了一道题，他们就会说孩子是"粗心的家伙"。这样的定论，只会让孩子更加粗心。明智的爸爸妈妈会这么说："孩子，你看看，你怎么漏掉了一道题目呢！这道题很简单，你肯定会做，漏掉了多可惜啊！下次，你一定要仔细看试卷，一道题也不要错过啊！"这样委婉的批评是以提醒的方式呈现的，表现出爸爸妈妈极大的善意，远远比给孩子贴上"粗心的孩子"的标签效果更好。在孩子成长的过程中，难免经常犯错误，或者出现失误。爸爸妈妈一定要找到正确适宜的方法对待孩子，才能呵护孩子的心灵，督促孩子健康快乐地成长。

甜甜是个性格恬静的小女孩，非常温和，对待小朋友也很友好。三岁半时，妈妈把甜甜送入幼儿园。从此，每天早晨，甜甜都背着小书包高高兴兴地上学去。

一天放学，妈妈带着甜甜去公园里玩。甜甜和小朋友们玩得很开心，突然，有个男孩打了甜甜一巴掌。甜甜傻傻地站在那里。接着，小男孩又打了甜甜好几巴掌，甜甜伤心地哭了起来。

妈妈走过去，问甜甜："宝贝，那个男孩打你，你怎么办？"甜甜依然哭泣，说不出应该怎么办。妈妈一本正经地对她说："在和小朋友们一起玩的时候，如果别人打你，第一次，你可以忍让，因为对方有可能不是故意的。如果对方第二次、第三次打你，那么你就应该勇敢地还手，也狠狠地揍他。"听到妈妈的话，甜甜抬起哭得红红的眼睛，说："妈妈，我不能打人，老师说我是'小绵羊'。'小绵羊'怎么能打人呢？它那么温顺。"听到甜甜的话，妈妈很惊讶，问："老师为什么说你是'小绵羊'？""因为我很温柔，所以老师叫我'小绵羊'。老师说，她最喜欢'小绵羊'啦！"

甜甜的话让妈妈陷入沉思。她想了很久，才对甜甜说："宝贝，你不是小绵羊，也不是大灰狼。你是一个小孩子，既要让着小朋友，也要学会保护自己。如果别人不小心打到你，你可以忍让；如果别人故意打你，你就要变得勇敢，保护自己。"甜甜对妈妈的话似懂非懂。

在这个事例中，老师给甜甜贴上了"小绵羊"的标签，让甜甜不敢回应他人的挑衅，只是一味地忍让或者哭泣。在现代社会，孩子的强弱直接关系到他们在人际关系中的地位。和以往单纯地教孩子宽容忍让相比，现代的父母逐渐意识到应该让孩子学会自我保护和反击。幸好，妈妈及时发现甜甜被老师"小绵羊"的标签误导，相信她一定会循序渐进地给甜甜灌输正确的人际交往法则。

在孩子成长的过程中，他们被贴上各种各样的标签。遗憾的是，很多爸爸妈妈都意识不到自己其实给孩子贴上了标签，让孩子无法根据自身的成长情况调整努力的方向。对于孩子而言，他们心思简单，心灵稚嫩，一旦爸爸妈妈给他们贴上标签，在他们心里就会产生定论的效果。实际上，孩子还那么小，他们的成长具有无限的可能性。面对孩子的状况百出，爸爸妈妈只能根据当时的情况给予一定的指导，而千万不要以偏概全。

批评时，不要给孩子带来恐慌

就事论事的适度批评，通常不会给孩子带来心理上的恐慌。他们会从这种有益的批评中吸取营养，及时做出改变。然而，多少爸爸妈妈能够保持在孩子每次犯错的时候都就事论事，且适度批评呢？只怕在被怒火冲昏头脑的时刻，他们不但无法保持优雅的风度，还会丧失理智，做出对孩子可怕的事情来。

例如，有些爸爸妈妈批评孩子时，会情不自禁地恐吓或者辱骂孩子。他们恶狠狠地对孩子说："你等着吧，如果再犯这样的错误，我一定会把你丢给孤儿院，不再认你当儿子！""你这个可恶的家伙，你这个丢人现眼的东西，别说我是你妈妈，这太丢人了。"这样的话，别说是对孩子，哪怕成人听了，都会觉得无比伤心，甚而引发恐慌。爸爸妈妈在说这些话的时候，往往意识不到这些话给孩子的心灵带来的伤害，因为他们心知肚明，他们说这些话只是为了吓唬孩子，为了让孩子束手就范。然而，可怜的孩子并不知道爸爸妈妈的哪句话是真的，哪句话是假的。他们只知道，爸爸妈妈说的任何话都是"圣旨"。

总而言之，这样的批评太可怕了。它们不但让孩子心惊胆战，甚至让孩子在睡梦中都会被吓醒，无法面对漆黑的夜晚和了无希望的前途。这是爱孩子的爸爸妈妈想要实现的目的吗？当然不是，没有任何爸爸妈妈不是为了孩子好而去做一些事情。遗憾的是，他们粗糙的心灵和拙劣的教育方式，让孩子无所适从。那么，从此时此刻开始，就学着正确地批评孩子，不要再用恐惧笼罩孩子的生活了。

一个周末的早晨，六岁的囡囡跟着妈妈来公司加班。不一会儿，她缠着妈妈要去动物园玩。恰巧，妈妈手里的工作还没有完成，必须加班。然而，囡囡不依不饶，继续纠缠妈妈，大有不达目的不罢休的趋势。起初，妈妈还能耐心地和囡囡讲道理。然而，没过多久，妈妈就被囡囡的死缠烂打弄得心烦不已。她忍不住说："别说了，再说，我就不要你了！今天只能在家，哪里也不能去。你要是想去，就自己去吧，走丢了可没人找你！"听到妈妈严厉的话，囡囡突然愣住了。她默默地走到一边，坐在那里玩玩具，不再说话。

妈妈埋头工作，想抓紧时间把手里的活儿忙完，看看能不能挤出时间在下午带囡囡去动物园。然而，当她终于把工作完成时，却发现囡囡不见了。妈妈很紧张，找遍了办公楼的每一个角落，都不见囡囡的身影。她疯了一般打电话给家人和朋友，让他们赶过来帮助寻找囡囡。

几个小时后，爸爸在动物园门口找到了囡囡，所有人这才松了一口气。爸爸问："宝贝，你怎么能自己来动物园呢？"囡囡懂事地说："妈妈说，如果我再缠着她去动物园，她就不要我了。但是，我真的很想来动物园。所以，我就自己来了，我不能跟妈妈说。"听了囡囡的话，爸爸心疼极了：小小年纪的囡囡，心里是有多么害怕啊！

得知囡囡独自离开去动物园的原因，妈妈后悔地流下了眼泪。她说："我永远也不会再恐吓孩子了。"

虽然妈妈只是一时气话，但是小小的囡囡却把妈妈的话全都当真了。

幸好，闻讯赶来的爸爸在动物园门口找到了囡囡，如果囡囡在独自外出的路上遇到坏人，那么后果不堪设想。对女儿失而复得的妈妈，这次肯定会吸取教训，不会再因为一时的情绪激动，就对孩子说出不负责任的气话。

爸爸妈妈们，你们是否也曾无数次吓唬孩子"不要你了"？这句话虽然说起来轻飘飘的，只有简单的几个字，但是在孩子心里却有千斤重。作为依赖爸爸妈妈成长的他们，会把爸爸妈妈所说的每句话都当成是真的。爸爸妈妈们唯有用心地爱和理解孩子，才能杜绝这种不顾一切也要逞口舌之快的冲动情绪，更好地呵护孩子的心灵。

沉默，是最宽容的教诲

大多数人认为，教育孩子一定要喋喋不休，才能让孩子更长记性。殊不知，孩子也是有自尊，爱面子的。有的时候，沉默反而更容易起到教育的效果，而且能够震撼孩子的心灵，让他们主动反思自身，改正错误，完善和提升自己。

喋喋不休的教育有什么坏处呢？首先，孩子会感到厌烦。孩子的记忆力是很好的，只要他愿意，很多事情爸爸妈妈哪怕只说一遍，他们也能记住。其次，喋喋不休的唠叨，会让孩子生出逆反心理，导致事与愿违。最后，喋喋不休也会扰乱孩子对事情的自主安排，打乱他们的内在次序。有些成人喜欢充当救世主的角色，认为孩子之所以发展，是因为他们所订立的规矩。殊不知，孩子有其自身发展的规律，他们是遵循自己内在的规律在自主地成长。作为成人，不应该过分地打扰孩子。

相比之下，沉默有何优势呢？首先，沉默能给孩子保全颜面。尤其是对稍微懂事的幼儿或者是自尊心越来越强的儿童来说，当着别人的面戳穿他们，是让他们最难以忍受的。相反，沉默则不同，能保全孩子的面子。其次，所谓沉默，只是不用语言发声，其实也可以有眼神的交流，或者是肢体语言的暗示。在保全孩子自尊心的情况下，他们一定乐意按照成人所

给的暗示，主动地改正不足。最后，沉默具有强大的力量。很多人以为说话一定要大声、严厉，才能达到预期的效果。殊不知，沉默也是非常有力的。再加上沉默是包容和宽宥的表现，因此给予孩子的警醒更加强烈而持久。如果你们已经习惯了对孩子大喊大叫，斥责和批评孩子，不如从现在开始试一试沉默的力量，一定会让你非常惊喜。

特特是个非常调皮的孩子，每次周末在家休息的时候，他都会把家里搞得鸡飞狗跳。尽管妈妈多次教育特特要爱惜家中的物件，保持家中的干净整洁，却收效甚微。

又到周末，特特经历五天的住校生活回到家中，简直就像是飞出笼子的鸟儿。他不但拿出各种玩具堆得满地都是，居然还在家里打起了羽毛球。突然之间，他不小心把妈妈最珍爱的一件陶制品打碎了。他原以为闻讯赶来的妈妈肯定会狠狠地批评他，甚至是揍他，不想，妈妈从厨房来到客厅，只是看了特特一眼，就默默地拿起笤帚开始打扫地上的碎片。

这可是妈妈最爱的一件艺术品啊！特特忐忑不安，就等着妈妈教育他。出乎意料的是，妈妈打扫完碎片就去厨房接着做饭了，连问都没问特特是怎么回事。直到吃完晚饭，妈妈也丝毫没有批评特特的意思。特特很愧疚，主动把地上凌乱的玩具收拾好放进整理箱，还向妈妈道歉："妈妈，对不起，我把您最心爱的艺术品打碎了。"妈妈依然默不作声地看了特特一眼，没说任何话。

夜晚来临，特特无法入睡，居然起床写了一封长长的检讨信给妈妈，并且在信里向妈妈保证：以后再也不会把家里弄得乱七八糟，也不会在家里打羽毛球了。看到特特的检讨信，妈妈欣慰地笑了。

如果妈妈在看到陶制品被打碎之后，劈头盖脸先数落特特一通，那么特特的内疚心理就会极大地减轻，也不会主动收拾玩具，并且向妈妈道歉，更不会给妈妈写检讨信。在妈妈保持沉默期间，正好给了特特一个反思自己行为的时间，这可比妈妈帮他指出错误效果好多了。

　　爸爸妈妈们，面对孩子的顽皮淘气，你们是否也经常发现，即使自己磨破了嘴皮子，在孩子那里也收效甚微，甚至毫无作用呢？问题的根本，恰恰在于你们说得太多了，孩子根本没有思考的时间和空间。

　　沉默的教育方法，恰恰弥补了传统教育方法的弊端，让孩子在犯错之后产生愧疚心理，主动反思自己的错误行为，主动认错并且进行检讨。这样一来，效果可比爸爸妈妈辛辛苦苦地说上几个小时都好。你们心动了吗？不妨赶快试一试吧！

第九章
拒绝方式多，孩子不出格

孩子在成长的过程中，随着生活范围的扩大，感到新奇的东西越来越多。他们迫不及待地想要拥有更多的玩具、零食、衣服等，他们都是贪婪的小家伙。然而，爸爸妈妈毕竟财力有限，也不可能把家里所有的钱都用于满足孩子的心愿，由此一来，矛盾出现了：如何拒绝孩子？从另一个角度来说，帮助孩子合理控制欲望，也有利于孩子的心理发育。既然如此，爸爸妈妈就更应该学会拒绝孩子，合理满足孩子的愿望。

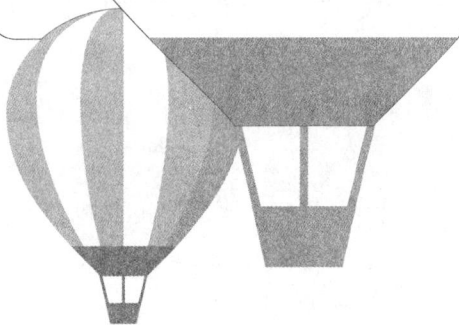

哭吧，哭吧，不是罪

看到笑呵呵的孩子，我们总是心情大好，恨不得冲上去抱住孩子猛亲一顿。然而，孩子不但爱笑，很多时候也特别喜欢哭。当还在婴儿时期时，他们饿了会哭，冷了会哭，拉臭臭或者尿尿都会哭，因为他们用哭来表达自己的诉求。随着年纪渐渐增长，曾经柔弱的小婴儿进入幼儿时期，他们已经会简单地交流，例如说"冷了""饿了""吃饭"等。在这个阶段，他们依然喜欢用哭来表达自己，一旦不如意，还是会咧开嘴哭起来。直到进入童年时期，孩子们才渐渐哭得越来越少。不过，这只是相比较婴幼儿时期来说。相比较成人，儿童还是会经常哭泣的。

比起婴儿时期只需要吃喝拉撒得到满足，进入儿童时期后，孩子们的需求更多了。他们喜欢玩具，想要爸爸妈妈带他们四处玩耍，还希望得到越来越多的朋友……总而言之，他们越来越难以满足。为了让爸爸妈妈同意他们的请求，他们也常常使用"哭"这个撒手锏。当然，在此期间，他们的烦恼也越来越多。例如，和好朋友吵架，想要的玩具妈妈不给买，甚至还会和小朋友打架，或者因为犯了错误被爸爸妈妈批评，这些都是他们烦恼的来源。每当感到烦恼时，他们也会哭。当然，最常见的还是孩子以哭要挟爸爸妈妈，让他们满足自己的诉求。这一招几乎屡试不爽。大人们

一边忙着满足孩子的愿望，一边恨不得求孩子不要再哭。

其实，孩子哭泣又有什么关系呢？在一定的时间内，孩子哭泣反而可以锻炼肺活量，发泄他们心中郁积的不快，反而是对他们的心情有好处的。因此，当孩子为了胁迫爸爸妈妈满足他们的要求而哭泣时，大人们完全无须紧张。因为在这种情况下，孩子哭泣的原因不是因为生病，也不是因为伤痛，仅仅只是情绪的发泄而已。从另一个角度来说，爸爸妈妈的妥协也会助长孩子的气焰。因此，最好的方法就是不制止孩子，让他或者安静或者大张旗鼓地哭泣。当然，如果是在商场里人多的地方，为了孩子和自己的脸面，爸爸妈妈可以把孩子带到人少的地方，让他尽情发泄。

让我们百思不得其解的是，很多爸爸妈妈都不能容忍孩子哭泣。不管孩子哭泣的原因是什么，只要听到孩子的哭声，他们马上就如条件反射一般，恨不得立刻让孩子止住哭。人是有很多权利的，哭也是人的权利之一。和成人需要发泄情绪一样，孩子也需要发泄情绪。即使是爸爸妈妈，也无权干涉孩子哭泣。当再次看到孩子伤心哭泣时，明智的爸爸妈妈不如淡定地等待孩子哭泣："哭吧，哭吧，不是罪。"

涵涵是个很爱哭的孩子，一遇到不高兴的事情就会哭。涵涵小时候，妈妈就见不得涵涵哭，每次只要涵涵一哭，妈妈马上就会满足他的所有要求。然而，随着年纪的增长，涵涵的要求也越来越多，妈妈意识到不能再无限度地满足涵涵了。为了帮助涵涵学会合理地控制欲望，妈妈决定不再因为涵涵哭泣就妥协，而是任由他哭一哭。

这个周末，妈妈带涵涵去商场买东西。和以往一样，涵涵一走到玩具店门口，就吵闹着要进去看。妈妈当然知道他不会只是看看。果不其然，在玩具店转了一会儿，涵涵选中了一辆玩具小汽车，央求妈妈帮他买。妈妈说："涵涵，你前几天刚刚买过一辆小汽车，和这辆差不多，不能再买了。"涵涵不依不饶，开始哭起来。妈妈把涵涵带到玩具店人少的角落里，说："如果你想哭，就哭吧。在这里哭，很少有人会看到，也不至于丢脸。"涵涵哭了一会儿，看到妈妈丝毫不为他所动，哭声渐渐弱了下来。这时，妈妈不急不躁地说："哭完了吧，咱们走吧！"

妈妈这一次"斗争"的胜利使得涵涵再也不用哭要挟妈妈给他买玩具了。

涵涵每次要求得不到满足，都会哭。因为他知道，只要一哭，妈妈很快就会妥协。这是因为，涵涵已经非常了解妈妈。不过，让涵涵没想到的是，妈妈这次没有妥协，而是非常淡定地等着涵涵哭完，才带着涵涵离开玩具店。经过这一次的妥协，涵涵以后一定不会再用哭来要挟妈妈了。妈妈呢，也有时间和机会给涵涵讲道理，让涵涵学会合理控制自己的欲望。

爸爸妈妈们，在教养孩子的过程中，你们是否也和曾经的涵涵妈妈一样，一听到孩子哭就慌了神，恨不得满足孩子的所有条件，只要能止住孩子的哭泣。实际上，只要你们摆正心态对待孩子的哭泣，哭也就不那么可怕了。每个婴儿在呱呱坠地时，都伴随着哭声。在成长的过程中，哭对孩子来说也是再正常不过的事情。只要排除了孩子不是因为病痛而哭泣，尽可以给孩子一段时间安静地享受哭泣时光。其实，有很多成人还羡慕孩子呢，因为他们可以随性地哭泣。

冷处理，让孩子恢复理智

现实生活中，有很多开车的人都遭遇过"碰瓷"。其实，在养育孩子的过程中，也有很多爸爸妈妈在不知不觉间被孩子"碰瓷"。那孩子是怎么做的呢？有的时候，他们的欲望得不到满足，心情很烦躁，又不能直接和爸爸妈妈挑衅，就会找出各种各样的不痛快，和爸爸妈妈对着干。

在这种情况下，如果爸爸妈妈能够保持理智，对孩子的"碰瓷"进行冷处理，那么孩子的情绪就会渐渐恢复，不至于因此激怒爸爸妈妈。相反，有些爸爸妈妈却是火爆脾气，如果说孩子的脾气不好，那他们的脾气则像炮仗一样，一点就炸，由此亲子之间难免会发生战争。如果吵到气头上，爸爸妈妈甚至还会失去理智，说出孩子无法承受的话来，更加激怒孩子。这样一来，孩子如何能够恢复理智呢？只会被火上浇油，更加愤怒不已。

孩子的情绪是很容易冲动的，这是因为他们的心思非常单纯，心理发育也不够稳定。面对孩子的故意挑衅，如果问题不是很严重，爸爸妈妈完全可以采取冷处理的方式。例如，孩子想要买一件玩具，当着商场里很多人的面，就对爸爸妈妈不依不饶。那么这种情况下，爸爸妈妈和孩子争吵有用吗？在无比期望得到那个玩具的时刻，他一心一意都是那个玩具，根本不能冷静地听爸爸妈妈说话。相反，如果爸爸妈妈能够保持冷静，对孩子的无理要求冷处理，也许孩子冷静下来之后就会发现，自己并没有那么想得到那个玩具，事情也就会有不同的结果。爸爸妈妈们，当你们无法满足或者不想无限满足孩子的欲望时，不如试试冷处理的方式，一定会让结果多一分和谐，少一分针锋相对的烦恼。

　　泽泽已经读小学三年级了，懂得了很多道理。不过，自从转入这个私立贵族学校后，他有了很大的改变。让爸爸妈妈感受最深的一点是，他开始爱攀比。其实，在把泽泽转入私立贵族学校之前，爸爸已经想到会出现这样的情况。爸爸心中所期望的理想状态是：泽泽能够接受学校的良好教育，把关注点集中在学习上，而不与那些家境优越的同学比名牌等。

　　今天下午，泽泽提出想要一个平板电脑，并且告诉爸爸班级里的大部分同学都有平板电脑。爸爸问："你需要平板电脑做什么呢？是老师要求每个同学都配备的吗？"泽泽摇摇头，说："不是的，是同学们自己买的。"爸爸拒绝了泽泽的要求，说："既然不是学习必需品，我觉得没有必要买。如果你想玩游戏，完全可以在周末的时候用家里的台式机玩。"看到爸爸直截了当地拒绝，泽泽一下子接受不了，哭喊道："别的同学都有，别的同学都有！"爸爸不为所动，离开泽泽，去书房处理工作。

　　爸爸在书房待了好几个小时才出来。这时，泽泽的情绪已经不像刚才那么激动了。他对爸爸说："爸爸，我想了想，其实平板电脑对我来说也没那么重要。"爸爸这才语重心长地说："泽泽，如果是生活或者学习的必需品，即使价格昂贵，爸爸妈妈省吃俭用也会给你买。不过，爸爸妈妈的钱都是辛苦工作挣来的，而且咱们家还有房子的贷款要还，还要给你支付昂贵的学费。所以，如果你能体谅爸爸妈妈的辛苦，和同学比赛学习成绩，而不比那些名牌的消耗品，爸爸妈妈会觉得很欣慰。"泽泽笑着说："爸爸，放心吧，我不要平板电脑了。"

在这个事例中，面对泽泽的不合理要求，爸爸虽然当即拒绝，但是并没有说什么过激的言辞。爸爸知道，泽泽当时的情绪很激动，如果生硬地拒绝泽泽，再批评他，一定会让他的情绪更加激动。爸爸想的没错，在他去书房一段时间之后，泽泽的情绪果然恢复了平静，也能够理智地思考爸爸的话了。

孩子总是有着各种各样的请求，谁让他们在不能独立之前必须依靠爸爸妈妈生存呢！面对这样的状态，爸爸妈妈也应该体谅孩子，毕竟他们是把爸爸妈妈作为依靠的。在面对孩子的不合理请求时，爸爸妈妈可以拒绝，但是不要恶语相向。只有给予孩子一定的时间和空间进行思考，孩子才能渐渐恢复平静和理智，正确对待愿望不能被满足的事实。

用四两拨千斤的方式面对孩子的无理取闹

在孩子没有真正成人独立生活之前，爸爸妈妈在孩子面前无疑扮演着绝对强势的角色。面对无比信任且依赖我们的孩子，我们应该如何控制自己的情绪，避免出现情绪激动，打骂孩子等过激现象呢？古人云，爱之深，则恨之切。很多爸爸妈妈正是因为望子成龙，望女成凤，才对孩子寄予太大的期望，最终因为失望对孩子恨铁不成钢。假如我们能够时刻牢记自己养育孩子的初衷，对于孩子的期望不那么本末倒置，也许我们才能成为更快乐的爸爸妈妈。探究我们内心深处的想法，我们最希望的是孩子健康快乐地成长，而不是一定要让孩子出人头地，光宗耀祖。既然如此，在教养孩子的过程中，我们又为什么忘了初心呢？

让孩子健康快乐地成长包括两个方面，一个是身体健康，另外一个是心理健康，这样才能收获快乐。不过，世间的任何事情都没有一帆风顺的，孩子的成长也是如此。从呱呱坠地、什么都不懂的小婴儿时期，爸爸妈妈就为了孩子不辞辛苦。到孩子渐渐长大，不但需要满足吃喝拉撒的基本欲望，还产生了更多的需求。有的时候，因为需求得不到满足，或者因为遭遇困难，他们常常会无理取闹，以耍赖皮的方式逼迫爸爸妈妈就范。每当面对这种时刻，爸爸妈妈无疑是最头疼的。如果是在家中还好，毕竟没有其他人看到。如果是在大庭广众之下，那么爸爸妈妈则简直要抓狂了。那么，如何才能避重就轻地对待孩子的无理取闹呢？我们可以采用四两拨千斤法。即用巧力而不是拙力来取胜，其核心在于顺势得机，以静制动。

学校要春游了，琪琪兴奋不已。虽然学校明确要求七点半到校即可，但是平时爱睡懒觉的她却五点多就起床了，还把爸爸妈妈都叫醒。原本，妈妈昨天已经给琪琪准备了春游野餐的食物，不想，琪琪的小脑袋瓜子里另有想法。她缠着哈欠连天的妈妈给她做蜂蜜烤鸡翅，说要让全班同学都尝尝妈妈的手艺。妈妈哭笑不得，家里根本就没有提前准备鸡翅，而且烤制的鸡翅需要提前腌制，现在哪里来得及做呢？不想，琪琪一计不成，又生一计，非要让妈妈去肯德基给她买奥尔良烤翅。妈妈坚决拒绝了琪琪的要求。

看到妈妈无动于衷的样子，琪琪开始哭闹起来。这时，原本在一旁默不作声的爸爸也开始声援妈妈："琪琪，妈妈给你准备了充足的食物，现在天还没亮呢，你不能提出这种不合理的要求。"琪琪猛地跑到卧室，躺在床上，大喊道："我不去了！"爸爸妈妈互相对视一眼，决定谁也不惯着琪琪。爸爸走到琪琪面前，说："你如果不想去就别去了，自己在家玩一天也挺好。"看到爸爸没有劝自己，反而当即表示同意，琪琪未免有骑虎难下的感觉。

她静静地躺在床上，眼看着时钟已经指向七点了，爸爸妈妈却依然一声不吭。无奈之下，琪琪只好去和妈妈道歉："妈妈，对不起，我想吃鸡翅应该提前告诉您。我以后不会这样了，您原谅我吧。"妈妈淡淡地说："没关系。"琪琪继续恳求妈妈："妈妈，您送我去学校吧，我想参加春游。谢谢妈妈了！"这时，妈妈才装作不情愿的样子，帮琪琪背好装满食物的书包，把琪琪送去学校。

　　面对琪琪的无理取闹，爸爸妈妈的态度非常一致：坚决不妥协。琪琪呢，意识到爸爸妈妈不会妥协之后，眼看着春游出发的时间就要到了，迫不得已反思自己的错误，向妈妈道歉。相信经历这次的事件之后，琪琪再也不会提出无理取闹的要求了。

　　很多孩子都会看爸爸妈妈的脸色行事，尤其是当爸爸妈妈总是轻易妥协的时候，他们就会变本加厉，对爸爸妈妈提出更多难以满足的要求。其实，面对孩子的无理取闹，面对孩子的哭闹纠缠，爸爸妈妈完全没有必要和他们展开"战争"。只需要冷处理，以四两拨千斤，就会让孩子乖乖就范，主动认识错误并赔礼道歉。当然，在此过程中，他们也获得了成长。

"游戏瘾"，宜疏不宜堵

现代社会，到处都充斥着电子产品。从最早的电脑，到现在人手一部甚至几部的手机，还有家里的游戏机等，对孩子来说，满世界都是诱惑。有几个孩子不喜欢玩游戏呢？尤其是当他们触目所及的成人，也都在捧着手机或者平板电脑玩游戏，他们的自制力就更弱了。对于学龄前孩子尚且还好，对于入学之后的孩子，如果一味地沉迷于游戏，就会导致出现厌学、逃课等现象。

其实，对于"游戏瘾"，尽管大多数爸爸妈妈都深恶痛绝，对其如临大敌，还是有少量爸爸妈妈意识到，单纯地禁止孩子玩游戏并不能解决问题，而应该给他们一条疏通的途径。只有疏堵结合，孩子们才能更好地控制自己的欲望，做到合理抵触"游戏瘾"。实际上，游戏不是洪水猛兽，很多游戏的确有一定的技术含量，能锻炼孩子们的思维能力和反应能力。既然如此，控制好玩游戏的频率，就能够帮助孩子们把玩游戏的危害降到最低，甚至还能起到正面作用呢！

从来不玩游戏的爸爸，突然之间彻底禁止已经上六年级的帅帅玩游戏。这个规定，让帅帅无所适从。

原来，帅帅玩的是网络游戏，不但对游戏有瘾，也在游戏过程中认识了几个好朋友。他们都是初中生，相约每周末完成作业后，一起玩两个小时游戏，也算得上是一种调节。当然，前提是他们几个能够控制好游戏时间，不至于上瘾。然而，在一次讲座上，爸爸听说游戏成瘾危害多，就不由分说地禁止帅帅继续玩游戏。尽管帅帅再三辩解，爸爸却充耳不闻。

一个多月过去，帅帅简直要急疯了。他不管是上课还是下课，都在想着玩游戏，学习成绩有了很大的下滑。有一个周末，他趁着爸爸妈妈不在家，居然偷偷地拿了家里的钱，又拿着借来的身份证，去网吧玩到晚上，直到爸爸挨个网吧搜寻，找到他才罢休。对于爸爸的责难，帅帅理直气壮："我以前每周只玩两个小时，就像是放松脑子。您却不给我玩，那我就拿钱来网吧玩，反正，不管我在哪里玩您都不允许。"

听到帅帅的话，爸爸意识到根源所在：正是他的举动，激发了帅帅的游戏瘾，还使帅帅产生逆反心理，最终和他对着干。后来，爸爸解除了对帅帅的禁忌，他们父子约定只要帅帅每个周末只玩两个小时，且不耽误学习，爸爸就不再管他。果然，帅帅的成绩很快就又追上来了，因为他要保证自己每个周末两个小时的"游戏时间"。

在现实生活中，当孩子沉迷于网络游戏时，爸爸妈妈简直伤透了脑筋。他们甚至为了看守住孩子，防止他们玩游戏，每天晚上都盯着孩子睡熟了才罢休。这样的爸爸妈妈，可谓用心良苦。不过，完全禁止孩子玩游戏也是不可能的，毕竟他们不再像小时候一样对爸爸妈妈亦步亦趋。长大后的他们，有了自己相对独立的生活空间和学习时间。要想根治孩子的游戏瘾，就应该给予他们一定的自由时间过足瘾，然后再引导他们在非游戏时间努力学习。

就像大禹治水一样，刚开始时总是失败，就是因为总是堵，不懂得疏通。一旦明白疏通的道理，治水就马到成功了。治疗孩子的游戏瘾也是这

样，只有帮助孩子合理安排好学习时间，在保证学习的情况下批准孩子玩游戏，孩子才不会铤而走险，想出各种方法逃避爸爸妈妈，躲在没人的角落里玩游戏。孩子有游戏瘾，别害怕。还有些爸爸妈妈会借此机会和孩子一起玩游戏，成为孩子的知心好朋友呢！

孩子顶嘴时，要理智控制事态发展

在因为教育孩子而感到艰辛的时刻，每个爸爸妈妈都希望自己的孩子特别听话懂事，最好能对自己言听计从。然而，这只是从情感的角度出发产生的美好愿景。从理智的角度来说，爸爸妈妈也知道，完全听爸爸妈妈话的孩子，要么是性格软弱，要么是缺乏思想。

孩子正处于成长发育之中，他们的自我意识不断加强，思考能力越来越强，也开始学习更多的知识，并且积累更丰富的社会经验。他们有时候跟爸爸妈妈顶嘴，这意味着他们开始产生自己的想法，有了自己独特角度的思考。当然，他们有勇气把自己的想法说出来，也说明他们具有一定的自信。面对孩子顶嘴，爸爸妈妈该做何感想呢？很多爸爸妈妈会特别生气，觉得孩子开始不听话，变得叛逆。明智的爸爸妈妈却感到安慰，因为孩子正在成长，渐渐形成独立的人格和特质。

即便如此，当爸爸妈妈在盛怒之下时，如果孩子依然顶嘴，那么爸爸妈妈难免会更加气得七窍生烟。这时候，爸爸妈妈应该怎样应对呢？从本质上来说，生活是由无数个冲动构成推动力的。亲子关系中，爸爸妈妈很容易因为一些或大或小的问题，和孩子产生不同意见。这时，孩子理直气壮地顶嘴，会让爸爸妈妈感到权威被挑战，面子似乎也有所损伤。这样一来，整个家庭氛围都会因此剑拔弩张，亲子感情也会因此受到伤害。其实，假如爸爸妈妈能够平等地对待孩子，发自内心地尊重孩子，就不会认为孩子顶嘴是大逆不道。试想，为什么我们能够接受朋友之间表达不同意见，却不能容忍孩子说出自己的想法呢？从某种意义上来说，我们应该像对待朋友一样对待孩子的不同意见，给予他们欣赏的眼光。此外，爸爸妈妈还应多多了解孩子，深知孩子的脾气秉性，也能很好地缓和顶嘴引发的家庭危机。例如，有的孩子心直口快，有问题必须马上提出来，进行沟通，这是无可指摘的。再如，有些孩子生性沉闷，可能父母还希望他们能无所顾忌地表达看法呢！总而言之，一切都要以帮助孩子健康成长为原则。在孩子顶嘴时，如果爸爸妈妈能够平心静气地与孩子展开探讨，也许会有意外的惊喜呢！

　　正在读小学的乐乐，在一次全校体检中，被查出有近视眼的倾向。小小年纪就戴上眼镜，这对孩子未来的学习生活和运动生涯，都会造成严重的影响。深受戴眼镜之苦的妈妈，看到乐乐的体检报告后，当即决定不再允许乐乐用手机玩游戏。

　　原来，乐乐每天下午写完作业，都会央求妈妈把智能手机给他玩半个小时。要知道，手机屏幕小，光源强，对孩子的视力损伤非常严重。得知妈妈的禁令，乐乐沮丧不已。他在网上查了很多资料，想要说服妈妈继续给他玩手机，但是都失败了。为此，乐乐只好想出了最后一招。

　　一天傍晚，妈妈正在用手机上的微信给爸爸发送一些图片，乐乐突然说："妈妈，您为什么可以玩手机？"妈妈看着乐乐，认真地说："我以后也不玩手机了，除了接打电话，尽量远离手机。"乐乐不以为然地说："那您现在在干吗呢？"妈妈坦然地说："我在用微信给爸爸发图片，不是玩手机。"乐乐当即反驳道："这怎么不算玩手机呢？这就是玩手机。您看看您，没事就给爸爸发图片。既然您能玩手机，我应该也能玩。"听到乐乐的反驳，妈妈当时很生气，刚想发火，转念一想：乐乐刚刚因为被禁止玩手机，心情很不好。想到这里，妈妈语重心长地说："我告诉爸爸晚上下班吃什么饭。你和我不一样，你是孩子，晶状体还没长好，很容易变形。妈妈呢，已经是大人了，晶状体完全发育成熟，不会轻易变形。而且，妈妈给爸爸发图片，属于通信的范围。"在妈妈的耐心解释下，乐乐这才不情愿地认可妈妈用手机给爸爸发图片。

在这个事例中，乐乐突然被剥夺玩手机的权利，心里一定很不乐意。因此，在看到妈妈用手机给爸爸发送图片时，他故意找茬，非得说妈妈违背了诺言。幸好，妈妈洞察了乐乐是故意的。于是，妈妈保持理智，控制了事态的发展，并且以科学为依据，告诉乐乐他不能再玩手机游戏。

很多时候，激烈的亲子冲突之所以突然爆发，并非是因为一些惊天动地的大事。相反，很多引发矛盾的事情都是很不值一提的小事，只是因为双方当事人不同的处理态度，所以导致事态朝着不同的方向发展。

爸爸妈妈们，作为孩子的引路人，在孩子故意顶撞或者无理取闹时，千万不要被孩子激怒。任何时候，只有保持清醒理智的状态，才能与孩子斗智斗勇，引导孩子畅享人生。

"偷梁换柱"——皆大欢喜的拒绝手法

所谓偷梁换柱，百度词典给出的解释是"比喻暗中玩弄手法，以假代真，以劣代优"。从字面来理解，这个词语是贬义词，带有欺骗和伤害的意味。不过，假如在亲子关系中使用偷梁换柱的手法，意思就大为不同了。

众所周知，很多孩子都会有各种各样的要求，他们不是恳求爸爸妈妈给他们买昂贵的玩具，就是央求爸爸妈妈带他们去游乐场玩，有的时候还会提出让爸爸妈妈为难的不情之请。也许有人会说，对孩子应该完全诚实，不能欺骗。说这话的人一定没有当过爸爸妈妈，因为他根本不理解作为爸爸妈妈的苦衷。很多情况下，爸爸妈妈对孩子无休无止的愿望会心有余而力不足，也有的时候，他们要帮助孩子学会合理地控制欲望，以免成为欲望的奴隶。既然如此，偷梁换柱就不再显得那么面目可憎。因为亲子关系中的偷梁换柱不是为了伤害或者欺骗孩子，而只是给孩子想要的东西找一个替代品——一个同样能给孩子带来快乐的替代品，最终获得双赢的结局，何乐而不为呢？

从某种意义上来说，大凡懂得在亲子关系中采取偷梁换柱的方法获得双赢的爸爸妈妈，都是聪明而又理智的父母。在与孩子斗智斗勇的过程中，他们既保全了自己，也照顾了孩子的情绪，让大家皆大欢喜。那么，就让我们看看下面的事例，了解如何用偷梁换柱法教育孩子。

眼看着寒假到了，西西整日缠着妈妈去上海迪士尼玩耍。妈妈很为难，因为去上海不但路途遥远，妈妈还得请假，这样一来，一万多块钱年终奖就泡汤了。但是，妈妈也不愿意生硬地拒绝西西。思来想去，妈妈想出了一个好办法。

一天中午，妈妈带着西西一起去单位。路上，妈妈问西西："西西，你觉得出去玩一次重要，还是年终奖更重要？"西西毫不犹豫地说："当然出去玩更重要。"这时，妈妈告诉西西："但是，如果顺利拿到年终奖，等到有时间的话，能出去玩两次呢！你觉得，玩一次好，还是玩两次好？"西西依然毫不犹豫地说："当然玩两次比玩一次更好。"妈妈暗暗窃喜，说："那么，你愿意把去上海迪士尼玩一次，变成玩三次吗？"西西停下脚步，疑惑地看着妈妈。妈妈耐心地解释道："是这样的，西西。如果妈妈现在请假带你去玩，年终奖就没有了。这个年终奖，可以供咱们去上海迪士尼玩两次呢！所以，如果你同意咱们换个时间去上海玩，那么妈妈决定先带你去比较近的游乐场玩一次，等到有时间的时候再用挣到的年终奖，带你去迪士尼玩两次。你觉得，这样是不是更合理呢？"听说可以玩三次，西西一蹦三尺高。他夸赞妈妈："妈妈，您太厉害了。这样，咱们就可以在不多花钱的情况下，玩三次，对吗？"妈妈肯定地点点头，西西为妈妈的方案激动不已。

原本，如果妈妈直接拒绝西西去迪士尼玩耍的请求，西西一定会非常抗拒，也会想出各种办法逼迫妈妈答应他的请求。不过，在妈妈详细地给他算完这笔账之后，西西显然听懂了妈妈的话：一次游玩变成三次游玩。虽然等待是让人心急的，但是既然妈妈答应了先带他去附近的游乐场玩一次，西西也就可以忍耐了。如此的"偷梁换柱"法，西西毫无损失，妈妈也因此可以花同样的钱，多带西西玩耍两次。妈妈知道，让孩子多多出去看看广阔天地，对于开阔孩子的眼界是非常有好处的。

爸爸妈妈们，当你们无法直接拒绝孩子时，不如也采取这样的"偷梁换柱"法。当然，不仅仅出游可以用这个方法，对于孩子的很多无法马上满足的要求，都可以采用这个办法。只要能让孩子高高兴兴，自己也不太为难，就是一个很好的方法！

转移注意力，事后说道理

　　孩子的注意力是很容易分散的，这也是在幼儿时期要着重培养孩子专注力的原因。虽然孩子不够专注给他们做事情带来了困扰，不过，孩子的注意力容易转移，也给爸爸妈妈在解决亲子问题时带来了很多便利。例如，当孩子在公共场合提出不合理要求时，爸爸妈妈如果训斥孩子，导致孩子不停哭泣，招来人们惊讶的目光，那么无疑会很尴尬。这种情况下，如果能采取一种更缓和的方式，让孩子在不知不觉中忘记自己的要求，那么就能避免尴尬。这种方法就是转移孩子的注意力。等到渡过眼前的难关之后，再找合适的时机和孩子讲道理，孩子也更容易接受。

　　如何转移孩子的注意力呢？首当其冲的当然是食物转移法。越是幼小的孩子，越是对食物有着莫大的热情和关注。即使他们正在哭泣，一旦拿出美味的食物展示给他们，他们马上就会对食物表现出浓厚的兴趣。在带孩子出门的时候，有很多健康的小零食都是不错的选择，例如橘子、香蕉、鱼肠、小面包等。其次，还可以利用身边的物体转移孩子的注意力。比如在商场时，如果孩子因为没有买一件玩具而闷闷不乐，可以带着孩子来到游玩区域，坐坐旋转马车，或者玩一玩碰碰车，孩子马上就会高兴得忘乎所以。最后，还可以利用说话转移孩子的注意力。这是最方便也最信

手拈来的一种方式。当孩子沉浸在某件事情中无法自拔时，爸爸妈妈完全可以给孩子讲一个故事，或者和孩子谈谈他喜欢的话题，也可以和孩子畅想一下即将到来的旅游，都是很好的转移注意力的方法。在转移孩子的注意力之后，很顺利地就能渡过眼前的难关。等到孩子情绪平稳下来，再择机和孩子说说其中的道理，孩子自然更加容易接受。这样做，还能避免当时引发亲子冲突，可谓一举两得。

周末，妈妈带着旭旭去超市。在超市里，旭旭看上了一款玩具轨道车。这款轨道车有样品摆在那里，旭旭玩了一会儿之后，非要缠着妈妈给他买。然而，妈妈看了看价格，要349元，觉得太贵了。旭旭只有五岁，每次看到喜欢的玩具都要，尤其是轨道车，但是买回家之后只玩一两个小时，就不再感兴趣。因此，妈妈决定先转移他的注意力，然后给他讲道理。

妈妈对旭旭说："宝贝，这款轨道车这么好玩，咱们不要等到回家再玩，现在就在这里玩吧。"巧合的是，还有一个和旭旭年纪相仿的孩子，也在玩这款轨道车，因此两个孩子玩得很高兴。玩了大概一个小时，妈妈突然说："哎哟，我觉得特别饿。旭旭，你想吃肯德基吗？"旭旭当然想吃啦，他迫不及待地就拉着妈妈的手往收银台走，嘴里不停地喊着："哦，我要吃老北京鸡肉卷，还要吃冰淇淋。"妈妈赶紧跟着旭旭的脚步，走出了超市。当然，妈妈的确带着旭旭去吃肯德基了，旭旭吃得不亦乐乎，早把轨道车抛之脑后了。

孩子们虽然很容易喜欢一件玩具，也很迫切地想要玩具，但是他们的注意力很容易分散。在帮助孩子培养专注力的同时，如果爸爸妈妈能用转移注意力的方法，让孩子暂时搁置不合理的请求，就会减少很多尴尬。旭旭妈妈就很好地利用了孩子的这一特点，等到合适的机会，再告诉旭旭花三百多块钱玩一两个小时，是很不划算的事情就可以了。

爸爸妈妈们，你们是不是也时常被孩子的不合理请求弄得万分尴尬呢？没关系，只要多多了解孩子心理发育的特点，更加深入地了解孩子的喜好，你们一定也能够成功转移孩子的注意力，帮助自己摆脱尴尬，给孩子创造成长的机会。

第十章

掌握好定规矩的法则，孩子就会完全照着你说的去做

常言道，没有规矩不成方圆。大到国家，小到家庭，都必须有一定的规则，才能秩序井然。教育孩子也是如此，很多爸爸妈妈都因为孩子不守规则而苦恼，殊不知，这是因为在定规矩的时候没有掌握法则。只有掌握跟孩子定规矩的法则，孩子才会心甘情愿地遵守规矩，并且还会积极主动地维护规矩。

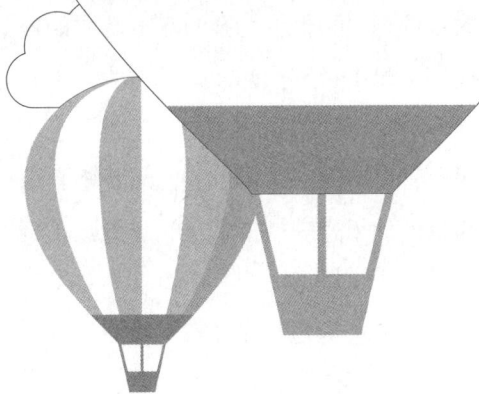

给孩子定规矩，前提是家长自己要有规矩意识

俗话说："无志者常立志，有志者立长志。"这句话的意思是说，没有志向的人经常立下志向，有志气的人一旦立志，就能坚定不移地去实现。在现实生活中，的确存在着这样两种截然不同的人。不过，很多爸爸妈妈也常常体会到与此类似的苦恼，因为他们为孩子精心订立的规矩，孩子总是无法遵守，这也导致他们不得不经常推翻规矩，再为孩子订立新规矩。如此循环往复，孩子渐渐不再把爸爸妈妈订立的规矩当回事，总是肆意破坏。孩子为什么会如此呢？究其原因，因为家长没有规矩意识，在订立规矩之后并没有严格要求和督促孩子遵守规矩，最终导致孩子察言观色，也拿规矩不当回事。

在给孩子订立规矩之前，爸爸妈妈首先要有规矩意识。所谓规矩，就是为人行事的准则。孩子正处于形成行为规范的阶段，爸爸妈妈不管给孩子订立或大或小的规矩，都应该经过慎重思考。千万不要觉得定规矩是很随便的事情。订立之后如果不合适，不可以随时更改。否则，孩子就会因为家长总是对规矩改来改去，而不再重视规矩。

其次，爸爸妈妈在给孩子订立规矩时，一定要考虑可行性。很多父母在为孩子定规矩时，都是一时兴起，想到哪里就随口说到哪里，具有很大

的随意性。如此一来，孩子也会觉得规矩并不要紧，只是顺口说出的话而已。这么做还有一个后果，即爸爸妈妈在定规矩时没有充足的时间思考规矩的可行性，导致在真正执行时，自己也觉得不符合实际情况，因而放弃严格执行。

最后，爸爸妈妈执行规矩一定要严格。规矩之所以对孩子具有约束力，就是因为其是不可更改的。如果爸爸妈妈在执行规矩时，总是因为各种原因放宽规矩，或者取消规矩，导致产生很多特例情况，孩子就会认为根本无须严格遵守规矩。

综上所述，只有爸爸妈妈首先具有规矩意识，并且合理订立规矩，才能保证规矩得到严格执行，帮助孩子养成良好的行为习惯。

妈妈每次给倩倩定规矩，都是顺口一说。例如，昨天晚上，倩倩私自玩电脑游戏到很晚才睡觉，妈妈得知后很生气，随口说道："倩倩，从现在开始，每次玩游戏不得超过半个小时。"然而，今天，倩倩又开始玩游戏。妈妈因为忙着做饭，根本没有给倩倩计算时间。最终，倩倩到吃饭之前才关闭电脑，此时的她已经玩了一个多小时的游戏。对于这样的情况，妈妈什么也没有说。

还有一次，倩倩动用了大笔的压岁钱，买了一个平板电脑。虽然她说是为了学习，但是妈妈知道学习根本不用电脑。即使用，台式机也完全可以用。因此，妈妈生气地说："倩倩，以后动用100元以上的压岁钱，必须经过我和你爸爸的同意。"不过，在倩倩花了几百元买了一身昂贵的运动服后，妈妈依然一声不吭，默许了倩倩的行为。

如此几次之后，倩倩知道妈妈只是随口吓唬她，根本不会真的惩罚她，因此越来越不把妈妈定的规矩当回事。

孩子的感觉是很敏锐的，妈妈在几次随口给倩倩定规矩又不能严格执行之后，倩倩马上意识到妈妈的规矩是个纸老虎。孩子一旦形成这样的心理，即使妈妈有朝一日真的想给孩子订立规矩，让孩子主动遵守，孩子也不会照做的。由此一来，无疑给家庭教育带来极大的难度。

爸爸妈妈在给孩子订立规矩的时候，一定要本着严肃、认真的态度，认真思考所订立的规矩孩子能否做到，衡量孩子能否长期坚持下去。否则，孩子就会因为难度过大而心生抵触，或者因为能力不及而产生排斥心理。要想规矩长期有效，最重要的就是制定规矩之后最初的执行阶段，只有前期严格执行，才能形成威信，有助于孩子日后积极主动地自发按照规矩行事。

培养孩子对规矩的敬畏之心

要想让规矩变成真正具有威慑力的条款，首先，要明确规矩的界限。有些爸爸妈妈订立的规矩非常模糊，处于很多行为的边界，因此也就无法清晰判断孩子的行为是否违反了规矩。

其次，规矩必须严格执行，有相应的惩处措施。例如，如果孩子认为遵守规矩是分内之事，违反规矩则要受到严厉惩处，那么他还会轻易违反规矩吗？很多爸爸妈妈在制定规矩之初，的确想着要严格按照规矩办事，然而几天一过，当孩子真的违反规矩时，他们马上又心生怜悯，不忍心按规矩严厉责罚孩子。殊不知，这样一时的怜悯和宽恕，只会让孩子无视规矩，最终导致规矩形同虚设，无法继续执行下去。这一步，是帮助孩子树立对规矩的敬畏之心的关键步骤。如果这一步做不好，那么对规矩的继续执行就会面临极大的难度。

也许有些爸爸妈妈会说，对孩子发狠实在是太难了。虽然明明上一刻还被孩子气得咬牙切齿，下一刻却因为孩子可怜兮兮的样子心生动摇。如果爸爸妈妈能够明白让孩子此刻接受规矩并且对规矩心怀敬畏，其实对他的一生都有好处，那么爸爸妈妈也许会更加理智坚定。试想，这个世界上的哪个人不受到规矩的限制呢？没有绝对的自由，所谓的自由，也只是在规矩之内的自由。既然如此，早一些让孩子与规矩和平共处，和谐融洽，对孩子当然是好事。适应规矩的前期当然是痛苦的，不过，适应规矩之后无所顾忌地享受自由，才能够享受到更多的快乐。

贝贝是个活泼可爱的男孩，深得爸爸妈妈和爷爷奶奶的宠爱。也许是因为从小就在宠爱中长大吧，他虽然有时候很懂事，但是偶尔也会特别任性。每当看到贝贝因为任性发脾气而歇斯底里的样子，妈妈都觉得要帮助他收敛心性，妈妈希望他变得沉稳一些。

有一次，贝贝又因为某件事情发脾气，深思熟虑之后，妈妈对他说："贝贝，从现在开始，你每发一次脾气，就要被惩罚为家里拖一次地。"看到妈妈严肃的样子，贝贝点了点头。

常言道，江山易改，禀性难移。才刚刚过了一天，贝贝就又因为不如意开始闹脾气。一直等到贝贝恢复冷静，妈妈才安排贝贝去拖地。看到还没有拖把高的孙子费劲地拖地，奶奶心疼了，说："宝贝，让奶奶帮你拖地吧，你这么小，还没有拖把高呢！"看到奶奶上去抢贝贝的拖把，妈妈把奶奶叫到一边，说："妈，我在教育贝贝，你不要管。"奶奶噘着嘴巴，气鼓鼓地回卧室去了，她想不明白儿媳妇为什么要和小孩子较真。这时，妈妈继续对贝贝说："贝贝，你必须把地拖干净，这是咱们之前订立的规矩。"才拖完客厅，贝贝就累得哭起来。妈妈允许他休息片刻，却坚持让他把地拖完。就这样，贝贝生平第一次帮家里拖地。事后，妈妈对贝贝说："贝贝，拖地很累。妈妈希望你以后能控制自己的情绪，不会再因为乱发脾气、大喊大叫而被惩罚拖地。当然，如果你因此了解妈妈和奶奶拖地的辛苦，愿意帮助妈妈和奶奶分担家务，妈妈还是很欢迎的。"

如此几次之后，贝贝果然学会了控制脾气，而且对妈妈订立的每条规矩都心怀敬畏。有的时候，奶奶看到贝贝辛苦地遵守规矩，想让贝贝放松一些，他马上就会说："这是规矩，必须遵守。"

毫无疑问，在疼爱孙子的奶奶眼里，妈妈是狠心的。不过，对于妈妈而言，只有此刻狠下心来，才能帮助贝贝养成良好的行为习惯，杜绝未来更多的烦恼。妈妈的做法是正确的，她最终帮助贝贝形成了对规矩的敬畏，并且让贝贝养成了主动遵守规矩的好习惯。

常言道，没有规矩，不成方圆。只有深刻了解规矩的含义，对规矩有着正确的认知，才能更好地遵守规矩。从现在开始，爸爸妈妈们都帮助孩子订立规矩吧，这个好习惯会让孩子受益终生！

家长定规矩不能过于随便

　　所谓规矩，一旦订立，就应该帮助孩子在一定时期内主动遵守。因此，规矩应该是公平公正、合理可行的。遗憾的是，很多爸爸妈妈在订立规矩时都过于随便，甚至只针对孩子定规矩，却把自己置身规矩之外。

　　这样做有很多弊端。首先，随意订立的规矩有太大的随机性，而且会带有情绪的成分在里面。很多爸爸妈妈都是在孩子犯错的时候，因为一时生气，随口说一个规矩，很快自己也就把这个规矩抛之脑后了。其次，随机订立的规矩往往没有经过深思熟虑，可能只针对当时发生的某种特殊情况，而没有更好地考虑到覆盖面。众所周知，某件特殊事情发生的概率是很小的。所谓规矩，应该有一定的覆盖面，这样订立的规矩才有可行性。

　　再次，爸爸妈妈也要遵守规矩。虽然孩子还很小，但是他们也会比较。如果一项规矩只针对孩子有效，爸爸妈妈却完全不受规矩的限制，那么孩子一定会觉得缺乏公平，因而心生抵触。

　　综合这些因素来看，爸爸妈妈在定规矩之前一定要综合实际情况进行考量，检验规矩的合理性和可行性，等到落实相关因素之后，再向孩子公开规矩。因为要想让孩子对规矩心怀敬畏，规矩就不能朝令夕改，而应该在一段时间内具有适用性。

淘淘非常喜欢看电视。学龄前期，他每天除了上幼儿园，就是看电视，最终把眼睛都看近视了。进入一年级之后，他还是念念不忘电视，每天一放学，连作业都不想写，就急着打开电视机。为了帮助淘淘戒掉电视瘾，妈妈规定：淘淘每天在主动完成作业的情况下，只能看半个小时电视。

刚刚得知妈妈订立的规矩，淘淘沮丧极了。然而，没多久，他就发现有漏洞可钻。原来，妈妈虽然规定淘淘只能看半个小时电视，她自己却经常在晚饭后连续看好几集电视剧。原本，淘淘不喜欢看电视剧，只喜欢看动画片等少儿节目。不过，为了"蹭"电视看，他也开始"陪着"妈妈看电视剧。妈妈每次看电视剧都特别投入，恨不得变成剧中的一个角色。为此，她一直以为淘淘是在一旁玩玩具，殊不知，淘淘也在偷偷地看电视呢！发现淘淘借口玩玩具在一旁偷偷看电视之后，妈妈责令淘淘去卧室里玩。这时，淘淘不服气地说："为什么我只能看半个小时电视，您却可以接连看好几个小时？"淘淘的这句话让妈妈哑口无言。这个理由根本无法说服淘淘，淘淘继续说："但是，我们的眼睛都是一样的。难道您就不怕近视眼吗？我不管，如果您看电视超时，我也要看和您一样多的时间。"无奈，妈妈只好关掉电视，每天晚上陪着淘淘一起玩玩具，看看书。果然，淘淘不再说什么了。

孩子虽小，也希望得到公平公正的待遇。同为家庭成员，如果规定孩子看电视的时间，爸爸妈妈却毫无节制地当着孩子的面看电视，那么孩子一定会提出反对意见。为了孩子，爸爸妈妈也只能牺牲自己。其实，如果在陪伴孩子阅读或者玩耍时，更好地进行亲子交流，不可不说是意外的收获。

爸爸妈妈们，在订立规矩的时候，千万不要随意。定规矩要遵循合理可行、公平公正的原则，这样孩子才能心服口服，才能心甘情愿地遵守规矩。也许爸爸妈妈会暂时受到局限，一旦孩子养成了主动遵守规矩的好习惯，就会受益无穷。

把握好规矩和爱的度

　　规矩和爱之间的关系是相互促进的。也许爸爸妈妈常常以爱孩子为由，不想给孩子订立规矩，即使订立了规矩，也会因为爱孩子而不断妥协。其实，这样做是完全不对的。所谓规矩，应该体现爸爸妈妈对孩子深刻的爱。所谓爱，也不应流于表面形式，而应带有规矩，成为理性的爱。只有把规矩和爱在教养孩子的过程中完美融合，才能帮助孩子更好地成长。

　　毫无疑问，对于每一个孩子来说，爸爸妈妈是这个世界上最爱他们同时也是他们最爱的人。从婴儿呱呱坠地开始，孩子就依赖爸爸妈妈的照顾生存。在孩子成长的过程中，爸爸妈妈更是不遗余力地为孩子付出，教会孩子很多道理。从孩子的角度来说，他们也非常信任和依赖爸爸妈妈。由此可见，爸爸妈妈和孩子之间的关系应该是最为亲密的。

　　然而，所谓至亲至疏，很多时候，爸爸妈妈和孩子之间的关系也是最疏远的。这是因为，爸爸妈妈自以为了解孩子，爱孩子，因此总是想成为孩子的主宰。殊不知，孩子也是需要自由的。只有订立恰到好处的规矩，才能给孩子规矩以内的自由，让孩子真正享受到爱和自由。

　　　念念从小是由奶奶带大的，每天中午和妈妈不在家的晚上，奶奶都会以看动画片的方式哄念念睡觉。念念午觉的时间是两个小时，这样，她晚上九点入睡的时候就很不情愿，常常要折腾到十一点多才肯入睡。为了改变念念的睡眠模式，让念念拥有健康的睡眠，妈妈决定改变她看动画片才能入睡的坏习惯。

这天晚上，妈妈郑重其事地给念念订立了规矩，规定不管是午睡还是夜晚入睡，都不许看动画片。不过，妈妈可以给她讲一个睡前故事。为了帮助念念更好地入睡，妈妈还把房间的窗帘拉得严严实实，营造出睡眠的氛围。不想，吃完午饭之后，有些困意的念念坚持要开电视，妈妈劝说很长时间才制止她。妈妈拿出一本故事书，开始给念念讲故事，一个故事讲完了，念念依然没有入睡。她说故事不好听，想让妈妈重新讲一个。妈妈没有再讲故事，而是静静地陪伴在她的身边，终于等到念念睡着。如此几次之后，念念已经习惯了独立入睡，睡觉也越来越香了。

回想帮助念念改变睡眠习惯的经历，妈妈感慨地说："以前，一遇到念念哭泣我肯定会心软。但是知道爱和规矩之间相辅相成的关系之后，我想我应该学会坚持。"

在这个事例中，妈妈没有因为心软而半途而废。其实，每个儿童都会有调皮捣蛋的时候，不管是男孩还是女孩，都会经历一段时间的"不听话""没规矩"。他们小小的身体里就像蕴藏着拥有巨大能量的宇宙，时不时地就会做出极具破坏性和杀伤力的事情。然而，孩子从来不会以恶意对待外界，他们的捣乱只是心理发展的需要。爸爸妈妈要做的就是帮助他们订立规矩，让他们在规矩允许的范围内享受最大程度的自由，这样他们才会遵循自身内在的成长规律，成为他们理所应当的样子。

现代社会，很多爸爸妈妈都误以为不能"溺爱"孩子，就是尽量少爱孩子。其实，所谓不溺爱，并非是减少爱，而是改变爱的方式，把缺乏理性的爱，变为理智健康的爱。很多爸爸妈妈从感情上减少对孩子的爱，物质上却不惜一切代价地满足孩子，这恰恰是一种溺爱。真正健康的爱，应该给予孩子精神和感情上的关注，订立规矩，帮助孩子养成良好的行为习惯，至于物质方面，只要能满足孩子的需求即可，杜绝过剩。养育孩子是一项充满艰辛的任务，唯有正确衡量爱与规矩，把握好这两者之间的关系，才能让一切变得水到渠成。

先提醒后执行，叫孩子听话很省心

每当妈妈们聚集在一起时，对孩子不听话的抱怨声就会不绝于耳。几乎很少有妈妈觉得自己家的孩子很听话。为什么会这样呢？究其原因，不是因为孩子不听话，而是因为妈妈们太贪心，总是希望孩子变成对她们言听计从的傀儡，这样养育孩子的工作才能变得无比简单。当然，另外一个原因就是，因为她们不懂得如何把话说到孩子的心里去，她们的孩子不听话。

很多爸爸妈妈都觉得孩子是他们的附属品，理所应当听他们的话，服从他们的指挥。意大利教育家蒙特梭利指出，孩子是独立存在的精神个体。由此可见，孩子也是有自己的思想和主见的。尤其是当那个小婴儿渐渐长大，自我意识日渐增强，就更加不愿意受到爸爸妈妈的指挥。因此，当爸爸妈妈颐指气使地让孩子这么做或者那么做的时候，孩子小小的身躯就会爆发出巨大的能量，以反抗爸爸妈妈。心理学家经过研究发现，很多孩子不管爸爸妈妈说得对不对，是否和他们的心意，都会马上对爸爸妈妈的意见表示坚决反对。

举个最简单的例子，孩子在肯德基里明明想吃巧克力味道的冰淇淋，但是一听到爸爸妈妈建议他吃巧克力味道的，他会马上改口说想要吃草莓味的。由此不难看出，孩子反对的不是意见本身，而是反对爸爸妈妈给他建议或者命令他这件事情。这就是孩子的第一个心理叛逆期，通常出现于4～5岁。

　　了解孩子的这种心理后，爸爸妈妈就应该反思自己：要想让孩子听话，爸爸妈妈必须改变表达的方式，让孩子乐于接受他们的建议，或者至少能够做到尊重自己内心的选择，而不要为了反对爸爸妈妈甚至改变自己的心意。这样的代价，未免太大。对于四五岁的孩子来说，要想让他们顺从爸爸妈妈，爸爸妈妈就一定不能采取命令的方式。细心的爸爸妈妈会发现，如果在对孩子下达指令之前，能先与孩子商量一下，让命令或者建议以亲子之间共同商定结果的方式出现，效果往往出人意料。

　　每天幼儿园放学，妈妈都会带小宝去小区广场玩一个多小时，再回家做饭。这个时间，是小宝一天之中最开心快乐的时候。他在广场里会遇到很多小朋友，大家在一起玩耍，特别热闹。正因为有趣好玩，每当妈妈喊他回家时，都颇费一番周折。

　　今天下午也是如此，妈妈让小宝回家，小宝先是央求妈妈让他再玩几分钟。等到玩了几分钟之后，小宝又开始耍赖皮，死活也不肯走。就这样，每天下午的狂欢都以小宝的笑声开始，却以小宝的哭声结束。看到小宝的情绪在短时间如此大起大落，妈妈也很难过，她想：我必须找个办法，让小宝乖乖回家。

　　在查阅相关的育儿书籍后，妈妈似乎找到了问题的症结所在，她决定第二天试一试。次日下午，小宝又开开心心地玩了一个半小时，眼看着该回家做饭了。妈妈问小宝："小宝，爸爸快下班了，咱们该回家做饭了。你说，咱们应该再玩多久？"小宝脱口而出："五分钟！"说完，他又有些懊悔，改口说："十分钟。"这时，妈妈说："好的，虽然时间已经挺晚的了，但是妈妈尊重你的意见，就再玩十分钟。你看看手机上的时间，十分钟以后咱们准时回家，好不好？"小宝当即表示同意。就这样，小宝又玩

了十分钟。

　　快乐的时间总是过得很快，不一会儿，十分钟就到了。妈妈喊小宝回家，小宝看了看妈妈手机上的时间，虽然恋恋不舍，但是却不能违背自己说过的话。因此，他意犹未尽地乖乖和妈妈回家了。妈妈很高兴，这个方法如此有效，她决定以后在让小宝执行一项规矩时，都先提醒小宝。

　　先提醒，后执行，可以给孩子一段心理缓冲的时间。这比直接让孩子从游戏的状态回家，感觉好得多。小宝妈妈找到了这个好办法，这样小宝以后就不会因为游戏戛然而止哭泣了。

　　其实，小宝妈妈面对的问题也是大多数妈妈的烦恼。要知道，当孩子全身心投入地玩耍时，不管玩多长时间，都不会觉得厌烦。这个方法很好地让孩子做好了心理准备，接受几分钟之后要回家的事实，也能再抓住最后的时间好好地玩一玩，正所谓一举多得。

　　对于爸爸妈妈来说，让孩子执行命令是最难的。最主要的原因不是因为孩子抗拒命令的内容，而是因为孩子从心里就很抵触爸爸妈妈下达命令的行为。如果能够和孩子商议着做出决定，然后再给予孩子一定的时间接受这个决定，那么孩子执行决定自然就成了水到渠成的事情。

　　从现在开始，明智的爸爸妈妈要学着把决定权交给孩子，这样才能让孩子心甘情愿地把决定变成现实。当然，有的爸爸妈妈也许会担心孩子的决定与他们的心愿大相径庭。其实，在孩子做决定的过程中，爸爸妈妈也是可以参与意见的。不过，一定要注意说话的方式要让孩子乐于接受才行！

给孩子定的规矩要简单、具体

　　在蒙特梭利幼儿园，老师们被要求"不说一切废话"。何为废话呢？就是不能明确对孩子下达指令且让孩子无法理解的话。例如，在教授"A"这个字母时，老师们根本无须费心思考这个"A"像什么形状或者哪种动物，更不需要发出类似的读音让孩子接受，只需要直截了当地告诉孩子"这是个英语字母，读'A'即可。"这样孩子们的记忆清晰有条理。

　　那么，孩子的理解能力如何呢？他们喜欢明确、简单、具体的话。很多父母再给孩子订立规矩时，会说"你要保持房间的干净整洁"。年幼的孩子就会想：什么叫干净整洁呢？干净整洁是个什么东西？如果改变一种说法，告诉孩子：你要把床单铺好，把地面扫干净，把衣服都叠好放进衣柜里。孩子定然非常清晰，知道自己需要做哪些工作才能达到要求。这样的规矩，孩子更乐于接受，也更容易执行到位。

　　喆喆六岁了，他是个活泼可爱的男孩。今年，他开始读一年级，成了一名小学生。刚上学的时候，老师让小朋友们回家帮妈妈做家务。喆喆回家之后，就把老师布置的任务告诉妈妈，妈妈当即表示欢迎。

　　然而，一直等到晚上，喆喆依然按兵不动，虽然亲眼看到妈妈忙着做饭、洗衣、拖地，他却无动于衷。妈妈很疑惑，问："宝贝，老师不是让你帮妈妈做家务的吗？你怎么不行动起来呢？"喆喆为难地说："妈妈，我不知道干什么。我怎样才能帮您做家务呢？"妈妈说："这样吧，你去把你的房间收拾干净，妈妈就会觉得轻松很多。"

接受妈妈的指令后，喆喆走进自己的卧室。然而，半个小时过去了，妈妈去房间查看的时候，发现喆喆正在玩玩具。妈妈不由得有些恼火，说："喆喆，你怎么还没开始干活呢？你可真是个懒惰的小人儿。"喆喆委屈地说："妈妈，我收拾了呀，您看看，我把书和本子都放进书包了。"果然，喆喆已经把书包收拾好了。"但是，我不知道收拾房间要怎么做。"原来，喆喆平时只收拾过书包，根本不知道收拾房间包括哪些内容。妈妈这才意识到问题的所在，赶紧耐心地和喆喆解释："收拾房间呢，就是把床单铺整齐，把被子叠好，把地面的垃圾扫进垃圾桶，再把书桌上的书都摆放好。当然，这些零散的衣服也要叠好，放进衣柜。"喆喆这才恍然大悟，他高兴地说："妈妈，您快出去吧，半个小时以后再来检查。"

这次，妈妈再来检查的时候惊喜地发现，喆喆的确把房间收拾得非常整洁清爽。妈妈表扬了喆喆，并且进行了自我批评："宝贝，对不起，妈妈刚才没把话说清楚，才误解你是个懒惰的小孩儿。其实，我的喆喆非常勤快呢。"喆喆笑着扑进妈妈怀里，悄悄地问："妈妈，您明天做饭的时候，我可以帮您洗菜吗？"妈妈连连点头，说："喆喆，以后你每个星期都自己收拾房间吧，就像今天这样。"喆喆高兴地同意了，喊道："哦，我可以自己收拾房间喽！"

相信经历过这次误会之后，妈妈一定知道应该如何与喆喆交流了。其实，喆喆根本不懒惰，他只是不知道自己具体需要做哪些事情。在给孩子下达指令，或者制定规矩时，一定要把规矩说得简单具体。很多成人表述的习惯就是拖沓冗长，这样是完全无法和孩子沟通的。如果细心观察一岁到两岁的孩子，你就会惊讶地发现，他们的语言天生就简短精练，简直就像"电报"一样惜字如金。他们很少说多余的字，总是一针见血，用最少的字表达自己的意思。我们在给孩子订立规矩时，虽然无须也说"电报语"，但也应该考虑孩子的语言表达能力和理解能力，精练简明扼要，让孩子一听就懂。

每个人都渴望自由，尤其是孩子，更加需要享受自由和爱。然而，这个世界上并没有绝对的自由。所谓自由，都是在规则范围内的自由。只有为孩子订立切实可行的规矩，帮助孩子养成良好的行为习惯，孩子才能更好地自由成长，尽情享受快乐。

在孩子面前，要注意控制自己的情绪

如果仅仅凭借想象，那么依据几千年来人们对妈妈的歌颂，我们心里一定会一厢情愿地认为：妈妈是这个世界上最温柔的代表。的确，在现实生活中，妈妈有些时刻是很温柔的。然而，一旦被孩子激怒，她们又往往会变成情绪激动的"河东狮"，不时地会吼一吼。这就是妈妈的双重表现。这种双重表现的根本原因是妈妈不能很好地控制自己的情绪。对于孩子来说，妈妈应该是完美的统一体，而不应该出现这种截然不同的表现，否则一定会给孩子的心里留下阴影，或者说是不那么愉快的记忆。

有位妈妈剪掉了长发，变成了齐耳短发，非常飘逸，时常半遮着脸颊。她问儿子："我的新发型怎么样？"儿子想了想，说："当你温柔的时候，这个发型和你很配。如果你发火了，我觉得这个发型不太符合你。"小小年纪的儿子，对于妈妈截然不同的两种表现，已经有了概括。这个妈妈，显然是个脾气暴躁的妈妈，时而温柔似水，时而就像火山喷发。如果不能及时改变，必然让孩子心中对妈妈的角色感到困惑，甚至长大成人为人父母之后，也会不知不觉中受到妈妈的影响。由此可见，在孩子面前，不管我们的情绪多么激动，都应该努力控制自己，以免伤害孩子脆弱的心灵。

　　自从浩浩七岁之后，妈妈和他之间的冲突越来越多。妈妈总是给浩浩订立规矩，限制浩浩。浩浩呢，则觉得妈妈什么都要管，简直太烦人了。就这样，母子两个，冲突不断。

　　有一次，妈妈看到浩浩又在玩手机游戏，想到手机屏幕的强光对视力伤害很大，不由得当即规定浩浩每天只能玩十分钟手机游戏。这样的规定让浩浩恼火极了，他当即大喊道："十分钟？我现在每天玩一个多小时，至少也要允许我玩二十分钟。"妈妈坚持说："不行，只能十分钟，或者就干脆不玩，你自己选吧！"浩浩觉得很不服气，脱口而出："那为什么您和爸爸每天都要看很长时间的手机？"听到浩浩的质疑，妈妈更伤心了，说："难道你以为我愿意天天盯着手机吗？我看手机，还不是为了工作嘛。要是你来挣钱养家，我还愿意不看手机，也不看电脑呢！"就这样，浩浩和妈妈，你一言，我一语，越吵越厉害。最终，妈妈生气地打了浩浩的屁股，浩浩伤心地哭了起来。

　　晚上下班回家之后，爸爸看到浩浩和妈妈的表情，就知道他们又吵架了。问清楚事情原委，爸爸劝说妈妈："别生气了，自己养的孩子还不知道他的性格吗？他总是吃软不吃硬，你要好好和他讲道理，他才会听你的。你看看，你气鼓鼓的，根本不值当的。"

　　第二天，妈妈找了一个合适的机会，给浩浩讲了看手机对眼睛的伤害，浩浩这才接受妈妈的建议。他说："妈妈，您昨天为什么不和我讲道理呢？您要是这样心平气和地和我讲道理，我就会听您的。"妈妈也自我检讨："对不起，妈妈昨天太着急了。以后，妈妈会更耐心地对你的。"就这样，母子俩重归于好。

　　在这个事例中，对于七岁的浩浩来说，很多道理都能听明白。然而，他却不喜欢被妈妈强制要求。当妈妈让浩浩必须执行命令时，浩浩一下子就恼火了。其实，很多妈妈都会犯急躁的错误。毕竟，妈妈辛苦工作一天原本就很累，回家之后还要照顾家庭，照顾孩子，更加缺乏耐心。归根结底，发脾气并不能解决问题，在面对孩子时，爸爸妈妈一定要控制自己的情绪，更加冷静理智地和孩子讲道理，疏通孩子的心结。

尤其需要注意的是，在爸爸妈妈情绪失控时，会口不择言地说出一些恶言恶语。这些不好听的话对于孩子幼小的心灵来说，是一种很深的伤害。还有些爸爸妈妈总是威胁孩子，逼迫孩子听话。与其这么做，还不如在事情之初就耐心和孩子交流，让孩子心中没有郁结，才能一劳永逸。尤其在订立规矩时，孩子之前享受的自由被剥夺，从此之后就要接受限制，心里肯定会很抵触。如果爸爸妈妈能够理解孩子的心理，体谅孩子，尊重孩子，并且给出合理的解释，那么孩子当然容易接受，也会心服口服地遵守规定。

不要因为孩子哭闹就妥协

没有人愿意被限制，尤其是当这种限制在最开始的时候根本不存在，是突然"冒出来"的时候，就显得更加不合理，且让人难以接受。成人尚且有这样的感觉，更何况是天性喜爱自由的孩子呢？孩子们不喜欢规矩，这一点很容易理解，因为作为父母，同样不喜欢限制自己的规矩。然而，即便如此，爸爸妈妈还是着手给孩子订立各种各样的规矩，让孩子遵守。当孩子大喊大叫的时候，爸爸妈妈也会勃然大怒，几乎不容孩子说些什么，就强行喝令孩子遵守。

这么做是不正确的。依靠强制，孩子不可能遵守规矩，他们只可能在短暂的时间里因为惧怕而被动地改变自己。这样的改变，是不长久的。在订立规矩之初，爸爸妈妈应该考虑到孩子切身的情况。当然，做好这一切准备工作之后，孩子依然会因为最初开始遵守规矩的艰难而哭泣。在这种情况下，爸爸妈妈妈一定不要心软。只有在前期保持理智，帮助孩子努力养成良好的行为习惯，孩子才可能顺利度过这个阶段。

有些爸爸妈妈一听到孩子哭闹就妥协，只会使这一次的努力全部白费。等到不久之后，思来想去，觉得还是必须给孩子订立规矩，因此又把

前一次的过程重来一遍。从表面上来看，爸爸妈妈的妥协是因为爱孩子，实际上这种爱是缺乏理智的，对孩子并没有长足的好处。真正对孩子好，是帮助孩子树立长久的观念。

据老师反映，熙熙每天上课都哈欠连天。这让妈妈对熙熙的睡眠问题更加重视。原来，熙熙每天晚上都要等到十点左右才肯上床睡觉，不是看电视就是玩玩具，总之就是不肯睡觉。在接到老师电话的当晚，妈妈就规定：熙熙每天晚上九点之前必须洗漱完，上床睡觉。

这个规定，熙熙几乎不遗余力地反对。他先是央求妈妈把时间放宽到九点半，未果。眼看着八点半了，妈妈提醒熙熙早点洗漱，尽早上床。熙熙却赖在沙发上继续看电视，直到还差十分钟就十点钟时，他才磨磨唧唧地哭了起来。刚开始，熙熙是假哭，用两只手蒙住眼睛，不停地哼唧："我不想睡觉，不想睡觉……"看到妈妈无动于衷，继续逼迫他去洗漱，他真的流出眼泪，说："我不睡觉，坚决不睡觉！"不想，妈妈依然淡定地说："还有五分钟，你必须在五分钟之内完成洗漱，上床睡觉。我会再给你一分钟时间思考，看看你是主动去洗漱，还是按照咱们的约定受到惩罚之后再去洗漱。"

原来，妈妈在制定规矩的时候，就想到熙熙会耍赖皮，因此规定如果熙熙不按时洗漱上床，就会拖延的时间第二天全部双倍弥补回来。如果今晚晚十分钟上床，那么第二天的睡觉时间就提前二十分钟，变成八点四十。思来想去，如果继续负隅顽抗，明晚就要更早睡觉。熙熙在还有三分钟就十点钟时，带着泪痕，冲到洗手间，把自己洗干净之后，以最快的速度钻进了被窝。不过，他还是晚了两分钟，妈妈说他明天必须提前四分钟进被窝。

第二天晚上，即便熙熙眼巴巴地看着妈妈，希望妈妈能够放宽要求。但是妈妈很清楚目前正处于规则执行的关键时期，因此她坚决按照约定，让熙熙于八点五十六分之前进入被窝。这天晚上，熙熙显然已经接受了必须按时休息的事实，抵触心理明显减弱，不再像之前那样情绪激动了。他只是噘了噘小嘴，并没有哭闹。妈妈暗暗窃喜：帮助熙熙遵守规则，已经成功了一半。

熙熙因为晚上睡得太晚，影响到第二天白天的学习生活。对于每个初入学的孩子来说，或多或少都需要适应新的作息时间。因此，妈妈当机立断，给熙熙制定规矩，让熙熙按时洗漱休息。不过，熙熙却顽强抵抗，想要争取自己的权利。幸好妈妈非常理智，知道孩子在对规矩抵触时期，哭闹是正常表现。所以，她一鼓作气，毫不松懈，只用了两天时间，就让熙熙接受新规矩，意识到规矩是不可能更改的。

在成长过程中，每个孩子的天性就是崇尚自由，拒绝被束缚。爸爸妈妈应该用心制定切实可行的规矩，并且想办法帮助孩子从心理上认可规矩的合理性，接受规矩，直至主动遵守规矩。迈出这一步，不但能够帮助孩子养成良好的行为习惯，对孩子未来的人生发展也很有好处。

父母不应该说的10句话

1. "你为什么总是给我惹麻烦？"

解析：这样的话语之中，未免带着嫌弃的味道。孩子打心底会认为，似乎自己从未给爸爸妈妈带来过快乐，而所有的只是不尽的烦恼。可想而知，当孩子听到爸爸妈妈说这句话时，他将会多么伤心失望。

2. "我说不行就不行！"

解析：说出这句话的爸爸妈妈，一定是非常强势的爸爸妈妈。他们自以为从孩子呱呱坠地开始就照顾孩子的吃喝拉撒，理所当然是孩子的救世主，也把孩子看成自己的私有财产。殊不知，孩子是独立的精神个体。他们有自己的想法，有很强的自尊心，而且心思细腻。当告诉孩子某件事情必须坚决杜绝时，一定要给出合情合理的理由。

3. "你瞧瞧××，他比你……"

解析：每个孩子都是这个世界上独一无二的天使，永远不要拿你的孩子去和其他孩子比较。否则，孩子也许会认为爸爸妈妈不爱他了，只爱别人。这么做，岂不是得不偿失吗？对孩子最好的爱，就是尊重并且认可孩子，不管他是优秀还是平庸的，都是你独一无二的宝贝。

4. "要不是我养着你，你就……"

解析：如果占据强势、总是给予的父母居高临下地对弱小的孩子说："要不是我养着你，你就……"孩子听了这样的话，在那一刹那，也许会后悔自己降生到这个家庭。爱孩子，在孩子身上付出，不是你施舍给孩子，而是命运给予你一次机会让我们感受小生命带来的快乐。在亲子关系中，爸爸妈妈永远也不要摆出施舍者的姿态，因为也许是孩子在施舍于你。正如蒙特梭利所说，儿童是成人的父母。从某种意义上来说，孩子指引给成人回家的路。

5. "有本事你走啊！"

解析：你知道孩子走不了，所以你才理直气壮地这么说。这可以看成是一种为人不厚道的表现吗？更何况面对的还是自己的孩子。永远不要觉得孩子离了你就不能生存。事实是，你依赖孩子，你不能失去孩子。孩子是你精神的家园，是你感情的寄托，因此，再也不要装腔作势地对孩子这么说了。

6. "你敢这样做试试！"

解析：常言道，初生牛犊不怕虎。孩子有什么不敢的呢？他们根本没有太多的经历和人生的经验。因此，他们无所畏惧。用这样空洞的话吓唬孩子，并不能使他们有所收敛。相反，这恰恰是做父母的内心空虚、毫无底气的表现。如果你觉得自己完全有道理，那么何不试着和孩子好好沟通呢？他们的理解力超乎你的想象。

7. "你怎么就那么笨呢！"

解析：不是孩子笨，是你不会教，或者说你的表达方式有问题。无数爸爸妈妈用成人的思维和逻辑与孩子沟通，还大声叫嚣着嫌弃孩子很笨。其实，每个孩子都是冰雪聪明的天使，他们按照自身内在的规律成长。遇到不了解也不能理解他们的爸爸妈妈，是孩子最大的悲哀。

8. "除了学习，你什么事都不用管！"

解析：生活中，比学习更重要的事情有很多。想必作为父母，你们也不愿意培养出一个书呆子。既然如此，从现在开始，不要再对孩子说这句话了。学习好，做人不合格，也是废物。做人合格，即使学习不好，只要有心，也能通过其他途径走出属于自己的精彩。孰轻孰重，明智的爸爸妈妈怎么会拎不清？

9. "千万别给我丢脸！"

解析：在漫长的一段时间里，很多人都为了面子而活。然而，这种观念在现代社会已经淘汰了。面子是什么？只是虚荣心在作怪。讲究"里子"的现代人，不再在乎他人看待自己的眼光，而更注重自己能否活得开心、幸福。不要把孩子作为给你挣面子的工具，你想要面子，应该自己努力，而不要把这种心愿强加在孩子身上。孩子，自由地活吧，别顾及大人们的面子！

10. "我看你一辈子也不会有出息！"

解析：一辈子是多久？没有人知道。既然如此，别动不动就对孩子咬牙切齿地说一辈子。孩子正在不停地成长，事情也处于瞬息万变之中，谁能料定孩子有没有出息呢？即使你是生养他的父母，也照样没有权利这么说。你只需要心怀期望，无限憧憬地等待孩子慢慢长大。孩子是否有出息不重要，重要的是幸福地活着！